慈雲尊者の『十善法語』を読む

——現代語訳と解説——

小金丸泰仙

大法輪閣

慈雲尊者巌上坐禅像
筆者画（京都府・圓福僧堂蔵）

はしがき

人は人として生まれながら、その実、人の本質や由縁については何も知らずに生きているのではないでしょうか。それはつまり、人としての自分自身のことも根本的には知らないことになります。現代のように遺伝子レベルで人間を解析できる時代にあっても、それが人としての道を示唆してくれるわけではありません。人となる道はどうしても偉大な智慧によって学ぶしか方法はないのでしょう。しかしその智慧も人から発せられるのですから、人というのは途轍もなく大きな可能性を秘めた存在です。人は生まれて人に育てられない限り人として成長しません。ではいったい、何によって人としての道を学ぶと良いのでしょうか。その学びのために、たとえどのような書物を選択したとしても、またそれが普遍的な道を目指したものであっても、著者の背景である国民性や時代などの環境や立場、また、著者独自の思想の影響を受けていないものはありません。

そのような意味から『十善法語』の傑出した点をあげるならば、仏教書でありながらも仏教的な観点のみから人の道が説かれているのではないことです。それは、著者である慈雲尊者（一七一八～一八〇四）が当時のあらゆる思想（四書五経を中心とする中国の思想や、日本の文学、芸能、神道等）を深く弁別し、かつその長短を見極め、平等の境涯から眺めることに留意されているからです。また元来、仏法自体が固定的な概念に収まる性質のものではなく、その正法精神を受け継ぐ尊者であったからこそ、江戸中期という時代でありながらもグローバルな視点でこの世界を語り尽くすことが可能でした。そこは現代において、尊者の提唱が最も力を発揮するところではないかと思われるのです。

尊者が大衆に伝えたかったことは仏教思想の真髄を説きながらも、人とは何か、人はどこから生じてどこに去っていくのか、生と死のしくみ、自然と物と心との関係など、必ずしも仏教に限定した内容ではありません。その尊者が心血を注いで著わされた『十善法語』は、現代から未来に向けて、否、いつの時代においても仏教の真髄を説く書としては勿論のこと、貴重な啓発書としても読み継がれてほしいものです。この『十善法語』がこの世から途絶えることがないよう、現代に受け入れられる形にしておきたいと考えたのは、以上のような理由によるのです。

十善という用語は一般的に広く知られてはいません。本書の中では十善戒という仏教の戒として示されますが、もし読者が仏教徒でなくても、人としての善の行為について考えるための一助となることでしょう。人は一日の中で限りなく多くのことを考え、それに従って行動しています。仮にこれを十のパターンに分類して、その善悪を考えてみます。本書の十善戒を、そのように想定することで、私たちの生活に密接なものとなることでしょう。十善戒を「万国古今に推《お》し通じ、上下貴賤に推し通じて道とすべき道」（巻第二）と語っておられることは尊者の高い見識を示すものです。その十か条の行為がはたらく道理と、仏教の空の教えを明かそうとするのが本書の特長です。空とは周知のように仏教で説かれる境涯ですが、決して全人類の心の本性から離れたものではありません。

本書では各巻に解説を加えましたが、これは解説というよりも未達の者の管見に過ぎません。そこで、読者の理解のために参考資料として『十善法語』以外からも尊者の著書から関連する法語を選び、また、釈尊の教えとして最古の経典である『スッタニパータ』と照合しながら解説の助けとさせていただきました。紙面の都合上、語句の細かい説明までには及ばず、尊者が常に語られる仏法の核心部分を中心に取り上げるに止まりました。本書は全訳ではありませんが、現代語訳の部分だけを続けて読んでいただくことで『十善法語』の大筋がとらえやすくなると思います。ともかく、二百五十年前の文体のままでは、この高遠な著書に目を通す人もなくなることを恐れ、非才を省みず上梓にいたりました。多くの方々に尊者の意図が少しでも伝わるための手引きとなれば幸いです。

『十善法語』十二巻は一七七三年十一月から一七七四年四月（毎月二回、合計十座）に及ぶ説法の筆記を基に推敲を重ねて撰述されました。本書ではその四割程度を現代語訳し、できる限り専門用語を避けて理解しやすいように努めました。解説での引用文を原文のままとしたのは、尊者の心が行き届いた味わい深い表現にも接していただきたいからです。なお、本書の【　】

で示した小見出しは、拙著『十善法語　改訂版　小金丸泰仙校注』（二〇一八年刊・大法輪閣）中の小見出しと共通となっており、原文に当たるための便としました。

『十善法語』は、仏教の根本となる教えを解き明かした著書ですので、当然のことながら、縁起・因縁・因果・業報については詳細に語られています。私は、因果や業報とは人間が生まれて死んでいく過程の中での自然の現象に過ぎないと考えています。その現象をどのように受け止め、そこから決して逃げ出すことができない現実の生活を如何に意義あるものにできるか、その喫緊の課題を工夫して人々を導くのが仏教ではないでしょうか。尊者は「他の不善はわれ憐れむ、己が苦悩は自ら業報を察す」（『戒学要語』）というお考えであり、それを踏まえた上で、日々の苦楽を生み出している因果の現象を、空の境涯によって超えていくべきであると語っておられます。もとより、この業報による身体的な差別表現は許されません。それは不悪口戒を犯すこととして本書で戒めておられます。業報に関する深い御理解を切に乞う次第です。

最後になりましたが、先にあげました昨年出版の『十善法語　改訂版』に引き続き長期にわたって大法輪閣社長石原大道氏のご理解と、編集部の小山弘利氏には多大のご尽力をいただきました。衷心より謝意を申し上げます。

令和二年二月

糸島市　如是室にて

小金丸泰仙

目次

巻第七　不両舌戒…… 155

巻第八　不貪欲戒…… 182

装丁／小金丸泰仙・山本太郎

巻第一　不殺生戒《ふせっしょうかい》

安永二年（一七七三年）癸巳《みずのとみ》十一月二十三日、大衆《だいしゅ》に示す。

Ⅰ　十善戒総論

十善と人道

師（慈雲尊者）は、次のように説かれた。

人が人として生きる道の根本は、ここに説く十善にある。人が十分に人の道を踏み行なうならば、賢人《けんじん》・聖者《しょうじゃ》の境涯に到り、その上さらに仏の悟りにも到ることができる。経典の中に、人が人の道を見失えば、鳥や獣と異なることなく、木片にも異ならぬとある。

十善戒を説いている仏典には、まず『阿含経《あごんきょう》』・『正法念処経《しょうぼうねんじょきょう》』・『婆沙論《ばしゃろん》』・『成実論《じょうじつろん》』（以上は小乗《しょうじょう》仏典）などがあり、次に『大般若経《だいはんにゃきょう》』・『梵網経《ぼんもうきょう》』・『瑜伽論《ゆがろん》』・『智度論《ちどろん》』（以上は大乗《だいじょう》仏典）などがある。

「人の道」といえば、経典・戒律・論書（三蔵《さんぞう》）を学ぶ者、また、仏道を文字によって哲学的に解釈する者たちは、それが浅い教えであると考えるようであるが、そうではない。『華厳《けごん》経《きょう》』（大乗仏典）では、この十善の行ないがそのまま菩薩の戒であり、悟りに至る修行であると説かれている。また『大日経《だいにちきょう》』（密教経典）には、この十善の行ないがそのまま真言行者《しんごんぎょうじゃ》の菩薩の戒であると説かれている。要するに、初期の小乗仏教と後の利他をめざす大乗仏教、そして仏教後期の密教、十善戒はこれらの全てにわたって説かれているのである。

仏道における善と悪の意味

十善に反する行ないを十悪という。『本業瓔珞経《ほんごうようらくきょう》』の中に「理《り》の通りに心を起こすことを善といい、理に背《そむ》くことを悪という」とある。この経文《きょうもん》によって善と悪の意味を知れ。この一文は全ての戒に通じるものだ。この意味を日々忘れず思惟すればするほど妙味があるものである。

まずは十善戒の内容を最も簡潔に示せば次のようになる。

身《しん》（身体）の三善業

①不殺生《せっしょう》（他の命を奪わず、慈悲の心で救う）

②不偸盗《ちゅうとう》（他の持ち物を自分の物としない）

③不邪婬《じゃいん》（男女の守るべき道を乱さない）

口《く》（言語）の四善業
④不妄語《もうご》（嘘を言わない）
⑤不綺語《きご》（無駄な、軽々しいことを言わない）
⑥不悪口《あっく》（荒々しい言葉を使わない）
⑦不両舌《りょうぜつ》（両人・両家・両国などの親好を破らない）

意《い》（心）の三善業
⑧不貪欲《とんよく》（衣食・名利《みょうり》に執着しない）
⑨不瞋恚《しんに》（怒らず、いつくしみの心を持つ）
⑩不邪見《じゃけん》（道理のままに正しく世界を見る）

この合計十種が理（道理）に順じてはたらいていることを十善業《じゅうぜんごう》（十善の行為）といい、理に背いていることを十不善業《じゅうふぜんごう》（十の善でない行為）という。理に順じるというのは特別のことではなく、自己の本性《ほんしょう》のままということである。本性と身《しん》・口《く》・意《い》のはたらき（三業《さんごう》）が一体となれば自然に十善は全うされるのだ。

理に背くというのも特別なことではない。そこではただこの私意《しい》（自我を中心とする心のはたらき）が問題なのだ。その私意によって本性のはたらきを変えてしまうことが悪である。この私（我）を中心とした身・口・意のはたらきを十悪という。

仏性《ぶっしょう》（全ての人間に具わっている仏の本性）というのは、人間が考える善悪の定義を超えたものであるが、善は必ず仏性に順じ、悪は必ず仏性に背くものである。

謹慎護持の功徳

玉は削り磨かれてこそ光を発するように、人に本来具わっている十善戒も、犯せば罪となるのであるから、これを慎《つつし》み持《たも》つことによって、来世に人間界や天上界に生じるという果報を受け、さらには、清らかな勝れた悟りにまで至ることができるのである。

太陽や月の光は、全てを分け隔てなく平等に照らす。しかし、高い山の上にいる人と谷間にいる人とでは、その居り所によって光を受ける量が違ってくるように、全ての人には平等に十善が具わっているけれども、各人がその十善の教えをどの程度に持つかによって、それに応じた功徳を得るのである。

仏の境涯と平等

十善を行なう功徳によって全ての行為や心が解脱《げだつ》していくのであるが、その解脱の境地を譬えてみれば、鳥が籠《かご》を出て大空へ飛び立つように、また魚が網を通り抜けて大海で遊ぶように、物と心のとらわれから脱して、はるかに広大な自在の世界に抜け出るようなものである。なんと趣の深いことであろうか。しかし、はるかに抜け出て解脱するといっても、天の外《そと》に行ってしまうことではない。地の底に沈んでしまうことではない。自分だけ善行を行ない、世間から離れて背を向けることでもないのだ。

このような段階の者の境涯は、見たり聞いたりする感覚知覚の対象が、全て法（真実の道理）と一体であり、この世界の現象を生・滅や去・来という変化するすがたとして捉えることはない。物や音や香りや味などの全ての感覚の対象物が、みな法の現われとして存在するので身体も心も悦《よろこ》び楽しむのだ。それで山河大地、草木や樹林を自己の身体とするのである。この境涯を『法華経』に、「今此《いまこ》の三界《さんがい》は皆是《みなこ》れ我《わ》が有《う》」（この世界は全て我が所有のもの）と説かれたのだ。

仏・菩薩は、一切衆生の心情や思慮を自己の心と同じものとする。また、全ての心の安らぎと涅槃、つまり煩悩を断じて真理を悟った境涯をも自己の心とする。この境涯を「其《そ》の中《なか》の衆生《しゅじょう》は悉《ことごと》く是《こ》れ吾《わ》が子《こ》」（その世界の中の生ける者はことごとく我が子である）と説いてあるのである。

釈尊がこの世におられる頃は、在家も出家も、仏法を守護するという天龍八部《てんりゅうはちぶ》の神々や、人のすがたをしていない鬼神《きじん》（霊魂・神霊）の類でも、この経文の理を心得て実践したということである。

不殺生戒の平等性

一切の衆生は我が子なのであるから、一切の命ある者に対すれば不殺生戒となる。ここに「我が子」とあるのは、世間の親子の間は睦まじいものであるから、それに譬えて説いたのだ。実は一切衆生の心情と思慮を自己の心とすることなのだ。自己の心と一切衆生とは平等であって、元来へだてのないものだ。

命ある者が眼に入らねば起こらないが、眼に入れば、必ず慈悲の心が生ずる。これを菩薩といい、この菩薩の心を戒と名づけるのである。この菩薩の心は、全ての衆生に本来具わっているものであるが、煩悩による悪行の果報が強いので現われないだけである。現われていないけれども、実際には少しも欠けることなく具わっている。今日、正しい法に出会って少しでも戒を持《たも》とうという心が生じるのは、本来具わっている仏性が明らかになろうとする兆しといえよう。

仏性と善

ここに十善を説いているが、言い換えれば、十善とはただ仏性そのもののことなのだ。また、法性《ほっしょう》（真実の道理）そのものである。この法性に順じて心を起こすことを善といい、これに背くことを悪という。悪は必ず法性に背くものである。

法性といえば言葉にとらわれて難解であろうか。手っ取り早く言うならば、悪というのは人間の生まれたままの心に背くのだ。

よく見よ、子供でもむごいことは知っている。泥棒には腹を立てる。淫事は恥じる。嘘を言うといえば赤面する。面白おかしく言うのは卑《いや》しいことだと知っている。荒々しい言葉もよくないことを知っている。人の仲を裂くことを言ってはいけないことも知っている。物を欲しがることも恥じるものだ。善いことは悦び悪いことは怖れる。なぜならば、この十善とは生まれた時からすでに具わっているものだからである。『孟子』にも「すぐれた人は子供のような純粋な真心を失わない」とある。

縁起不可思議

『華厳経』に、「仏弟子《ぶつでし》である菩薩はまた次のように念《おも》うのである『十不善業《じゅうふぜんごう》（十善に反する悪行）は地獄・畜生・餓鬼に生まれる原因である』」とある。

俗世の知識ばかりが豊富で小利巧な者は、地獄や餓鬼の世界などあるはずがなく、おどして言っているだけだと思っている。今の時代では仏法を説く僧も、多くは一般の人々の情に流されて説法をするので、この地獄・餓鬼ということが取るに足らないことのように聞こえる。縁起の道理が、人間の考えでは到ることができないほど奥深いものであることを固く信じるならば、ことさらに神通力の眼で見なくとも地獄や餓鬼の世界が存在することが分かるはずだ。

この地獄の縁起は甚《はなは》だ深い道理であって、自分の心の有り様がそのまま出現したものである。本来は清浄《しょうじょう》であるこの心の中に、なぜ地獄の世界ができてしまうのであろうか。

殺生の業成

初心の者は、まず第一の殺生の行為について憶念してみよ。

人は万物の中で最もすぐれた霊妙な存在である。人とは天地のはたらきを助けてその道を実現する存在であるので、天地は人によって成立し、道理も人によって成立するとも言えるのだ。もし、残酷で無情の心が強く、罪のない人をわざと殺害し、極めて強い苦悩と怨《うら》みの念いを起こさせるならば、その時に行為の種子《しゅうじ》（因）が成立して、後の別の時間、別の日に自分の身体に集まってくる。このようなことが無いとは言えないのである。

真実とは平等を本性とするものであるが、そこに不可思議な縁起の展開があり、「これ」と「あれ」という二つの対立したものができる。ここで行なったことは向こう側で応じる。例えば鐘を打てば音が出るように、また陰と陽とが関係して雷が発生するように。

それと同じように、臨終の苦しみが命と同時に消滅すると、この殺生という業の種ができる。その時は殺害された人の恨みや怒りの心は痛みとともに消滅するが、輪廻を繰り返す毎に身心と一緒に増していく。この殺害という一瞬に、長い苦悩の時間を作ってしまうのだ。夢のようなはかない人生に、さまざまな苦悩の出来事を見ることになるのである。

苦の世界に堕《お》ちて行くことになる業の種が存在するという道理を推察して知るがよい。地獄では水や火に苦しめられるのだ。特に、道理に反した殺害や、尊い人・恩ある人への殺害は、とてつもない苦しみを受けることになる。

法性の平等性と因果の理

心がなければともかく、少しでも心があるならば、残忍の思いは強くはならないはずである。もし、残忍の心がよくないことだと分かれば、生きとし生ける者に対して慈愛の心が起こるはずだ。この慈愛の心が増していけば必ず仏法への信が生ずる。この信心が増せば、全てが平等であることが知れる。平等の本性を知れば、業（行為）より果が生じることを知る。この業果が事実であることを知れば、業によって現われ出るものが増していくことを知る。この業の果が増していくことを経典の譬えでは、「尼拘律樹《にくりつじゅ》（インドのイチジクの木）の種は芥子粒《けしつぶ》の三分の一くらいであるが、それが大きな木に成長すれば、商人が五百人乗れる車を覆い隠してもまだ余裕があるほどだ」とある。

現に見てみるがよい。この世の五穀や花の実など、その種は小さいけれども、実と成った時には、人々はこれを食して命を保つほどとなる。これと同じように、業の種子も初めは微《かす》かなものであるが、後に果となれば永遠にそれに縛られることになるのだ。

人間も受胎した初めは父母の肉血の一部として極めて小さなものであるが、出産の時には六根《ろっこん》（眼・耳・鼻・舌・身・意）が具わる。また、出産の時には小さな赤子であっても、成長して聖人・賢人となって世の中を救い、人々を助ける。または、悪人となって人の道を破り家を乱す。このようなことから考えてみても、業の種が果となることは信じられぬことではない。

十悪の果報

十悪を犯すにも、上・中・下の程度がある。

上品《じょうぼん》（最上）の十悪の行為は地獄界の極めて激しい苦悩を作り出す。

中品《ちゅうぼん》（普通）の十悪は畜生界の噛み合い傷つけ合う苦悩を作り出す。

下品《げぼん》（下位）の十悪は餓鬼界の飢えと渇きの苦悩を作り出す。

この道理を見通す智慧の目がない者は、ここに語られている仏の言葉を信じよ。

この上・中・下品ということは、自分の心から起こる上中下なのだ。悪心の甚だしく強いのと、一日中悪心があるなどは上品である。悪心のまだはっきりと定まらない場合や、物事に出くわした時に行為を止めることができないのは中下品である。

何を対象に悪を犯すかにも上・中・下がある。殺生戒でいうならば、人を殺すのを上、蛇などを殺すのを中、小さな蚊やブヨなどを殺すのが下である。

人を殺す中でも、父母などの恩ある人を殺すことを逆罪《ぎゃくざい》と名づける。これは究極の重罪である。その他、恩ある人を殺すことも上の上品とする。一般の人を殺すことを上の中品とする。悪人を殺すことを上の下品とする。このような例から考えて、全ての戒には、戒を犯す状況に上・中・下品があることを知るがよい。

また、善の心で善人を殺す、悪の心で善人を殺す、善の心で悪人を殺す、悪の心で悪人を殺すことなど、その罪の軽重の違いは経典や戒律を集めた聖典、仏の教義を解釈した論書において詳しく検討されている。

Ⅱ　不殺生戒本論

殺生の罪の軽重《きょうじゅう》

「殺」というのは、何らかの方法を企《くわだ》てて他の生き物の命を奪うことである。続くはずの一生涯の命を断ってしまうという意味である。「生」とは、感情や意識がある生き物のことをいう。

この中で人の命を断つことを大殺生《だいせっしょう》といい、動物の命を断つことを小殺生《しょうせっしょう》という。大殺生はさらに罪の軽いものと重いものに分かれ、君主や父、聖者、菩提心《ぼだいしん》（発心《ほっしん》して修行し、世の人を救おうとする心）を起こした人を殺すのが大殺生の中でも重罪である。普通一般の人を殺害するのは大殺生の中の軽罪である。小殺生の中にも軽重が分かれ、能変形《のうへんぎょう》の者を殺すのは小殺生の中の重罪である。不能変形《ふのうへんぎょう》の者を殺すのは小殺生の中の軽罪である。

能変形というのは、例えば龍などが変化《へんげ》して、人のすがたとなって現われている者で、これは他の動物とは違う。不能変形というのは極めて低い地位の動物の類である。

悪の行為を完全に行なってしまった場合、これを根本罪《こんぽんざい》という。それに対して、初めに悪心が起こっても、行動や言語によって相手を悩ませるだけで、実行に及ばなければ方便罪《ほうべんざい》または助罪《じょざい》というのである。

殺生戒の犯相《ぼんそう》

一切衆生は、本来解脱したものなのだ。それで自と他とを分けて区別する必要はないし、同一であるとか異なっているということも言えない。同一であるということも迷いの世界の妄想であり、言語文字の上での分別である。異なっているというのも妄想で、言語や文字の上の分別である。そうではあるが、仮にこれを平等と名づけた上で、その平等とはどういうことかを説くだけである。

この法界《ほっかい》の本性が本来平等である中に、これまでに造ってきた自分の業のままに現われた自身を見る。すると、それに対応する他を見る。そこに自他が分かれるのでこの世界に差別《しゃべつ》が起こるのだ。

人間はこの世界の中で特別に高い霊覚心をもつ優れた生物であり、尊ぶべきものであるから、これを殺せば重罪となる。もし、戒律を受けようとする者がこの重罪を犯せば、沙弥戒《しゃみかい》（二十歳未満の出家の男子の戒）や比丘戒《びくかい》（成人男子の出家者の戒）を受けることができず、世間の福徳の本である僧となるには値しない。畜生等は劣っているものであるから、これを殺せば軽罪《きょうざい》となる。

また、罪は懺悔《さんげ》すべきである。懺悔すれば本来の清浄《しょうじょう》にもどる。懺悔した人がその後に志を起こせば沙弥戒や比丘戒を受けることができる。宿福がある人ならば禅定《ぜんじょう》の智慧をも得て、世間の福徳の本となることもできる。戒を受けていない人は、善悪の行ないで差別されることなく受戒できるが、ただ、五逆罪《ごぎゃくざい》（父を殺す・母を殺す・聖者を殺す・仏の体を傷つけて出血させる・教団の和合を壊す）を犯せば戒を受けることはできない。

天道と人道

人としての生き方を全うする中で、初めに不殺生戒を持《たも》つのである。人の道を全うすれば、人道と天道は異ならないので、天には天の道があることが自然に知れてくる。この天道は完全なものであるから、自己とこの世界の本性に達する。すると、この迷いの生死《しょうじ》（輪廻）が続いている縁起本来の根拠にも達していくのである。

天地が天地として存在している意義、大人《たいじん》（徳の高い人）が大人として存在している意義は、あらゆる命ある衆生に、その者たちのあるべきすがたを会得させることにある。万物をそれぞれ育て続けて止まないところにある。このような真実の道は、仏がこの世に出られようと出られまいと、常に世間に存在しているのだ。

人徳への尊重心

このようなことを憶念することによって、真実の法が身に具わる。身に具われば徳が具わる。信がある者は、まず人は尊ぶべきものであることを憶念するがよい。『易《えき》』には、人を天と地に加えて三才《さんさい》（天・地・人。才＝はたらき）と記されている。

仏や菩薩もこの人間界に出現する。賢者や聖人もこの人間界に出現する。天地の神々もこの人間を守護する。このような憶念さえ続けていれば、自ずから第一の不殺生戒は全うすることができる。

人間界を尊重《そんじゅう》する心があれば、自然に怒りの心を離れ、人を叩いたりののしったりすることもないので、方便罪を犯すことはない。方便罪がなければ、自然に根本罪には至らぬ。徳のある人に対して尊重の心を起こすだけではなく、一般の人たちだけではなく、一般の人たちも尊重する。

下々の人、又は暴悪の人にも尊重の心を失わぬ。このような慈しみの心を全ての人たちに広く及ぼしてその徳を全うする。これが不殺生戒の中の不殺人戒を守るすがた（戒相）である。

この中に、中・下の類をも尊重するというのは、人を区別しないでひとくくりにするのではない。目上の人を呼ぶ時は、目上の人として呼びながら尊重するのである。同輩に対しては、同輩として呼びながら尊重し、目下の人に対しても、目下の人として呼びながらも、心の内では尊重の心を失わずにいるのである。上を尊敬し下を愛し、賢者を尊く思い、愚かな者を憐れむ。それぞれの立場はあるけれども、人であるからこそ誰にでも備わっている徳を尊重し、そのことを憶念することに変わりはない。

暴悪の者にも尊重の心を失わないというのは、その暴悪を尊重するのではない。暴悪は憎み軽蔑すべきことではあるが、その人がこの人間界に生まれてきた善根を尊ぶのである。人としての当然の位を尊重するのである。要するに、人間界に生まれた人の尊さを憶念することは、真実に到達するためには重要なことなのだ。

尊重心の拡充《かくじゅう》

自分自身がこの人間界に生まれたことに対して尊重の心があれば、自暴自棄になるような苦しみはない。どの国であろうとも父母のない子供はいないし、親族が可愛がり育てることなしに成長する人はないので、自暴自棄にならなければ、自然に父母親族に対して尊重の心が生じる。親族に尊重の心があれば、孝悌《こうてい》（両親に孝行し、兄弟の仲が良いこと）の道が成り立つ。孝悌の道が成り立てば、忠義（真心で仕えること）も慈愛の心も自然に出てくるのである。

このような思いを世界全体に広く行き渡らせると、動物や虫の類にいたるまで母と子の愛情があることが分かる。雌雄の親しみがあることが分かる。全ての生き物が生を楽しみ死を怖れることが分かる。

人に感情があることから、生きている全てのものにも感情があることを察する。このような憶念の中に不殺生戒が自然に顕《あら》われてくる。さらに宿福が多くある者は、そこから因果の道理を信じることができるようになり、縁起の道理が明らかになってくる。生と死を繰り返す輪廻の中で、永遠に迷って浮き沈みしていることを知るのである。

ごく小さな虫類に至るまで、生きているものの本性は平等であるということにまで到達する。これを欠け目のない完全な不殺生戒という。ひっくるめて戒法とは「防非止悪《ぼうひしあく》」というように、悪事を止めることから付いた名称であるが、この悪を止める中に功徳を得るのである。

護持の種々相

ここで一つ疑問があるであろう。菩薩は出家して俗世間から離れているので、不殺生を持《たも》つことも可能であるし、その徳も得られるであろう。しかし、もし俗世間で国の政治に関わっている時に、盗賊が徘徊《はいかい》したり、悪人の集団がないとは言えない。その時にそれらをもし殺せば、仏戒を軽んじることになる。もし、それらに寛大であれば政道が成り立たず、人民の害にもなる。この二つの道のどちらに従うべきであろうかと、ここは明らかになるまで考え抜くところである。

経典の中には、善の心で悪人を殺すのは、悪の心で蟻を殺すよりもその罪は軽いとある。また、国家に害がある者を殺すのは罪がないともある。罪がないどころか、功徳を得るとあるのである。戒律の中で許される行為（開《かい》）に関しては『瑜伽師地論《ゆがしじろん》』や『正法念処経《しょうぼうねんじょきょう》』などに示されている。

殺生の業報《ごうほう》

また、『華厳経』で、十不善業によって長い間、苦の報《むく》いが続くことを説いて、殺生の罪は衆生を地獄・畜生・餓鬼の世界に堕とす、とある。

この悪業の報いがまだ消滅しないうちは、三宝《さんぼう》（仏・法・僧）という言葉もこの耳に聞くことなく、一切の道理をわきまえることもできず、この身心にただ強烈な苦があり、自分の意思にかなうことなど一つもないのである。

殺生の余業《よごう》

この業の報いによるすがたは十善の影として現われ出た不可思議なものであるが、一度その果報が決定したならば変更されることはない。看よ、多病の人が色々な薬を使って治療しても、多くの人はその効果を得られない。身と心を投げ捨てて神によりすがっても、多くはその恩恵にあずかることはない。薬に効果がないのではない。神に徳がないのではない。ただ業の力が強いために変えることができないのである。初めの行為の時に慎んでおかなければ、果報が成立してしまうと免れることはできないのだ。

因果と法性

要するに、身体（外）と心（内）とは本来二つのものではない。このことは思慮の及ばぬところだ。この内と外は本来平等であるから二分することなどできないものなのだ。二つではないので、心に思うことが必ず身体と口（言語）のはたらきとなる。また、身体と口がはたらくところに必ず心は応じていく。心は尽きることなくはたらくので、その中の行為の種子も無尽に続き、それによって果報が出現する。心と自然界も本来平等であり、思慮を超えているので、身心がはたらけば、それに応じて国土も変化するのである。人間界の善と悪の行為に天体の現象が応じ、天が天命を下せば人間界はそれに応じるのである。

この業は自分の身体と心で休みなく造り出され、身体と心はその業によって変化させられ、ほんの少しの間も一つの形に定まることがない。真実のありのままのすがたとはこのようなものなのである。

不殺生戒結語

世間の人が、生まれつき持っている善の功徳を全うすることができずに、畜生などの心になるのは実に悲しいことである。

総じて言うならば、仏と異ならない心を持ちながら、自ら迷って、わずかなことから業のすがたを造り出し、生と死を繰り返す（輪廻）中で浮いたり沈んだりしながら業の風に吹き乱され、少しも安らかでない。どのような時でもどのような所でも、実際には生滅がない所に、わざわざ自分から生死（生と死を繰り返す迷いの世界＝輪廻）を造り出してはさまざまな所を転々と迷っていく。自他の対立などはない平等の世界に分け隔てをして、自分で自分の造り出した窮屈な世界に入り込んでいる。

「今此《いまこ》の三界《さんがい》は皆是《みなこ》れ我《わ》が有《う》、其《そ》の中《なか》の衆生《しゅじょう》は悉《ことごと》く是《こ》れ吾子《わがこ》なり」（この三界は我が所有するところであり、その中の衆生は全て我が子である）であるのに、その子供たちがお互いに言い争いし、競い合っている。それが甚《はなは》だしくなれば、人の道から外れていく。すでに自分の心に大安楽の境涯が具足していることを知らずに迷っているのだ。

【解説】

巻第一の前半では、総論として十善戒の根本的な趣意が述べられ、後半が不殺生戒の詳説となっています。

総論の要点は、人道と十善との関係、仏教における善（理・仏性《ぶっしょう》・本性《ほんしょう》）と悪の意味、平等と空《くう》、因果と業報、などをあげることができます。もちろんこのような重要な課題は、十二巻全体にわたってのテーマとなっていますので、その折々に少しずつ理解を深めていくことができることでしょう。

まず巻頭には次のようにあります。

「人の人たる道は、この十善にあるじゃ。人たる道を全くして、賢聖《げんじょう》の地位《じい》にも到るべく、高く仏果《ぶっか》をも期《ご》すべきということじゃ」（【十善と人道】）

解説文中の【　】は『十善法語』〈改訂版〉（二〇一八年、大法輪閣）の見出しと共通。

出典書名の略号

『短法』＝『慈雲尊者短篇法語集』
『法語集』＝『慈雲尊者法語集』
『金般若』＝『金剛般若経講解』
『人道』＝『人となる道』初編
『人道』二＝『人となる道』第二編
『人道』三＝『人となる道』第三編・神道
『人道随』＝『人となる道随聞記』
『双垂』＝『双竜大和上垂示』
※引用文は全て原文。
『Sn.』＝『Sutta-nipāta.』（スッタニパータ）は中村元訳（岩波文庫）

この一文は十善戒を唱導する趣意と大義を示したものです。人間の存在と十善との関係、そしてそれが悟りに至るまでの道であることを示した重要な言葉です。

「人は人となるべし、この人となり得て神ともなり仏ともなる」（『短法』）

という言葉がありますが、これを併せて考えると、煩雑な理論よりもいかに具体的な人の道に重きを置いておられるかが分かります。

尊者は『十善法語』の完成（一七七五年）をみて、次に『人となる道』（初編～第三編）の連作を著わされます。その注釈に、

「人となる道とは、むかしより人間にして人間の分斉《ぶんざい》をうしなう者おおし。大聖世尊《だいしょうせそん》この世に出現し玉いて、この人をして人たらしむ。これを人となる道と名づく。およそ仏法は主として生死出離《しょうじしゅつり》の深義《じんぎ》を説けども、初門はこの人となる道なり。もし深密《じんみつ》の義によらば、この人間世界も仏浄土《ぶつじょうど》に異ならぬなり」（『人道随』）

とあり、人道を基本とする理由が述べられています。仏法は生死の世界（輪廻）から解放される（解脱）ことを本来の目的としていますが、私たちが人間としての道を全うする時にこそ仏の世界が出現するのであって、人間として生まれていること、そしてその生きざまを問うことなく観念的に仏を求めても真実は得られるものではありません。「深密の義」というのは、仏法の最も深遠な解釈という意味で、人道を全くするならば、立ちどころにその場所が仏の在所《ありか》となるのです。ですから前文の「この人となり得て」というのは、深義では、十善の人がそのまま成仏するということです。人間が別世界の神仏へと変化していくのではありません。

この人道と十善との関係を考えてみます。まず「理に順じて心を起こすを善といい、乖背《けはい》するを悪と名づく」という『本業瓔珞経《ほんごうようらくきょう》』の句によって、善と悪の定義を示された上で、「理に背くというのも別のことではない。ただこの私意《しい》じゃ。私意を以て本性《ほんしょう》を増減するが謂《いわ》ゆる悪じゃ。この私《わたくし》ある身口意《しんくい》を十悪という」（【仏道における善と悪の意味】）と注解されています。十善は仏性戒《ぶっしょうかい》（仏性と同じように人には十善が生来具わっていること）であると説かれますが、人がこの十善を具えながらもこれを十分に発揮できないのは、私意によるとされることは重要です。私意とは、自己中心的な見解です。ここに私意を「私ある」とあります。これはつまり「我《が》」でありますから、自己へのとらわれを離れた行為が善ということにもなります。

これに関しては、

「道に背くを悪といい、道に順ずるを善という」（『人道随』）

また、

「十善と説けども、ただ一仏性《ぶっしょう》じゃ。一法性《ほっしょう》じゃ。この法性に順じて心を起こすを善といい、これに背くを悪という。悪は必ず法性に背く」（【仏性と善】）

とあります。この仏性に関しても、

「仏性は善悪共に妨げぬものなれども、善は常に仏性に順ずる。悪は常に仏性に背くじゃ」（【仏道における善と悪の意味】）

　このように、善悪に関する見解をまとめてみると、理（道理）――道――善――本性《ほんしょう》――法性《ほっしょう》（法）――仏性――（無我）――空――平等、のそれぞれの語句が真実（真理）を言い表わす言葉として用いられています。また、真如《しんにょ》・実相《じっそう》などという語句も同様に使用されています。仏教を初めて学ぶ人はこれらの言葉の違いに難しさを感じられるでしょうが、違った角度から真実を示している用語ですから、まずは真実を表わす言葉としてひとくくりにして考えてみると理解しやすいでしょう。
　しかし、これらはどれも抽象的な言葉です。目に見えないことですので、仏教に親しみのない人にとっては雲をつかむような用語ではないでしょうか。そこで尊者は、
「法性といえば、また名目《みょうもく》に落ちてむつかしきか。手近く言わば、悪は人間生まれままの心に背く」（【仏性と善】）
とあるように、法性（本性・仏性）を「生まれままの心」と譬えられています。これは、単に分かりやすく言葉を換えられただけではなく、抽象的な言葉を現実的に想像できるように次元を移されたのです。これをさらに具体的にすると、
「一法性が天地となり来れば、天象・地理が分かる。一法性が人となり来れば、この人道がある……眼横鼻直《がんのうびちょく》、手に執捉《しっそく》し、足に運奔《うんぽん》す。人のありすがたかくじゃ。この中にこの道ある。無しと云われぬじゃ」（巻第五【不綺語戒結語】）
具体と抽象は本来同一性なので、具体だからといって次元が下がるわけではありません。仏教は哲学的な面を持ちながらも、実際的でなくてはなりません。法性の具体的な現われが天地とな

り、また、人間の存在、人間の日々の活動そのものが道であると示されています。そして本来この人の道は、天道と一つであり、その天道は、法性そのものです。ではその私たちの生活上の理想的な心境はどのようにあるべきなのでしょうか。

「天地我とひとし。天地の心を以て我が心とすべし。禽獣万物我とひとし。万物の情を以て我が情とすべし。禽獣も苦あり楽あり。その苦楽を明らかにすれば福となり寿となる。これを児孫に伝えて富となり位となる。無為《むい》の道に入るべし」（『短法』）

　天地の理と自己とが一つになって心が起こることが善行為でした。その時の心は「天地の心を以て我が心とすべし」ということになりますから、禽獣をはじめとする動物や万物と我とが平等となるのです。そしてこれが具体的に現われる仏道の「無為の道」です。天地から生まれた私たちに心のはたらきがあるのですから、天地に同じはたらきがないはずがありません。この合一がまさしく私意のない心です。そして「禽獣万物我とひとし」、また「その苦楽を明らかにすれば」というところが不殺生へと結びついていきます。

　このように全てが一つとなってはたらいていること、そして私意のないことは、その本性が平等性《びょうどうしょう》であるから可能なのです。この平等を説明するために、巻第一では『法華経』の「今《いま》此三界皆是我有《このさんがいはみなこれわがう》、其中衆生悉是吾子《そのなかのしゅじょうはことごとくこれわがこ》」の譬えによって示されています（【仏の境涯と平等】）。

　ここに「我有《わがう》」（仏の所有）という表現で平等が表わされています。人は自分の手の中に所有しなければ自分の物ではないように思いますが、そういう所有の仕方を「我有」とされているのではありません。例えば、私たちは清夜に美しい月を見て、その月を自分の物にしようとは思いません。しかし、その月を手にとらなくても自分の世界に存在している月なのです。そこに在るだけで自分の世界と等しいということ、それが仏の語られる「我有」＝我と平等、ということなのです。仏は衆生をそのように見ておられるということです。

この平等性は十善の核となり、空《くう》と性質を同じくするものですので、常にこの平等性・空ということを基礎に戒の意味を考え味読して理解を深めていくことが大切です。

仏教にはさまざまな戒律がありますが、その根本は十善戒である、というのが尊者の見解です。そこで、小乗・大乗経典、また密教の経典まで、その典拠を示されています（【十善と人道】）。参考までに最古の経典である『スッタニパータ』から、十善に相当する釈尊の言葉を拾いあげてみましょう。

・多く眠ってはならぬ。熱心に努め、目ざめているべきである。ものぐさと偽り〔不妄語〕と談笑と遊戯〔不綺語〕と婬欲の交わり〔不婬〕と装飾〔不綺語〕とを捨てよ（九二六）。

・また修行者は高慢であってはならない。また遠まわしに策したことば〔不綺語〕を語ってはならない。傲慢《ごうまん》であってはならない。不和をもたらす言辞〔不両舌〕を語ってはならない（九三〇）。

・諸々の出家修行者やいろいろ言い立てる世俗人に辱《はずか》しめられ、その言葉を多く聞いても、あらあらしいことば〔不悪口〕を以て答えてはならない（九三二）。
・聖者は誠実であれ。傲慢でなく、詐《いつわ》りなく〔不妄語〕、悪口を言わず〔不悪口〕、怒ることなく〔不瞋恚〕、邪《よこし》まな貪《むさぼ》りと慳《おし》みとを超えよ〔不貪欲〕（九四一）。
・盗みを行なってはならぬ〔不偸盗〕。虚言を語ってはならぬ〔不妄語〕。弱いものでも強いものでも（あらゆる生きものに）慈しみをもって接せよ〔不殺生〕（九六七）。
・諸々の欲望に対する貪りを制せよ〔不貪欲〕――出離を安穏《あんのん》であると見て。取り上げるべきものも、捨て去るべきものも、なにものも、そなたにとって存在してはならない〔不邪見〕（一〇九八）。

（『ブッダのことば』（岩波文庫）より。文中の〔　〕は著者による加筆）

以上は『スッタニパータ』（以降『Sn.』）の中でも最古層の第四～五章から選んだものです。釈尊は明らかに十善を簡潔に説かれていて、しかも十善の全てが満たされています。

私たちの社会では殺生してはいけない理由をどのように説明しているでしょうか。学校では児童や生徒に納得させることが難しいのではないでしょうか。常識や法律を根拠にすることや、感情論で済ませるのでは本来の筋道を欠いています。これに対し、巻第一後半の不殺生戒本論では、まず人間に対する尊重の心が最も大切であると説かれます。人間の存在を根本的にどのように捉えるのか、人間の尊さとは何か、これを明確にすることによって、その尊重の心がさまざまな命あるものへの慈悲心に繋がり、命の尊さへの自覚を促すことになります（【人徳への尊重心】）。そこで、

「誠とは天の道なり。これを誠にするは人の道なり」（『中庸』）

という儒教の言葉を典拠に、

「天地この人によりて成立《じょうりゅう》し、道理この人ありて成立する」（【殺生の業成】）

と解釈されています。もともと真実は露堂々《ろどうどう》と現われているのですが、人為によって天地のはたらきも、その道理も明らかになるのです。そこに人の尊さがあります。身近な例をとれば、

「農業は自《おの》ずから天地生育の趣に順ずる。その跡よりこれを見れば、天地を助けて万物《ばんもつ》を生育すというも可なり」（巻第五【農業の重要性】）

とあり、私たちの日常の行為が天地のはたらきに参加し助力するという人の徳を尊重しておられます。また、そのような意識を持ちつつ人が自然に仕えることも貴いことです。「跡よりこれを見れば」とは天地の道が人の手によって具体的な形として現われてくることです。例えば、野生動物の保護や地球の環境保全、身近なことでは、山林の保護作業や田畑の整地などをあげることができます。しかし実は、人の作業は天地の道に逆らっては成立しないものばかりなのです。

次に、一切衆生への慈悲心が増して仏法への信が生じ、その信によって平等性を知る。その平等性ということの根本の意味を知るならば、因果の法則が明らかになる、という得道への道筋

を開示されています（【法性の平等性と因果の理】）。この過程も大変有益で、かつ『十善法語』全体の理解につながります。私たち周辺に起こっている世界の現象＝縁起の展開は、常に変化（無常）し続け、ひと時も止まることがありません。そして行為（業）による果報もその本性が平等性であるがゆえに公平に展開（法性等流《ほっしょうとうる》）していきます。この世界が平等であるということは、善行が苦の果報となるはずがなく、悪行で楽の果報が得られるはずもないということです。

『十善法語』の全体は、このような因果の流れを前提として語られていきます。

十二巻全体を通じて、各巻末に、異熟果《いじゅくか》・等流果《とうるか》・増上果《ぞうじょうか》の三種の果報が『華厳経』の説により必ず明記されています（本書の現代語訳では一部省略）。私たちは報いというと悪業の報い（苦果）のみに頓着しますが、善業による報い（楽果）があることも忘れずにおきたいものです。

では、なぜ十善なのか、ということですが、それは、私たちの日常の行為がこの十善に従っていくことが本来の人としての道であり、また、仏となる（本来の人間となる）ことに直結するからです。十善は、仏教では「戒」として制定されてはいますが、その戒が全うされたすがたこそ、人間の本来のすがたとして捉えてもよいでしょう。

私たちの人生の中のわずか一日であっても、心は常に動いていますので、行為も無限です。するとそれに伴う戒も本来は無限なのです。ここに十条の戒を定めてあるのは、その無限に対して仮に十条に集約されているに過ぎません。しかし、その十条の中にその無限の戒を余すことなく含んでいるのです。

「十とは満足の数。事にふれてその限りをしらず。しばらく身三口四意三《しんさんくしいさん》を以て、その数を統摂《とうせつ》す」（『人道』三）

とあります。しかし『十善法語』は、十条の戒をあげて、形式的に戒の説明がなされた書ではありません。戒の解説書というよりは、むしろ仏教の根本思想を解き明かし、人生の歩みについて垂示したものです。十善に込められた教義とは、

「十善と説けども、ただ一仏性じゃ。一法性じゃ」（【仏性と善】）

「清き心を分かつと十善になる」（『双垂』）

などという教示に尊者が十善を説かれる趣旨が見えてきます。これに加えて、

「この十善は慈雲が説に非ず。諸仏賢聖よりの相承《そうじょう》を述ぶるのみ。輪王《りんおう》の位を立つる所、法性の等流《とうる》せる所、諸仏の口々喃々《くくなんなん》に説く所、近くは人の人となる道なり。通じて云わば、法に形相《ぎょうそう》なし。説者《せっしゃ》の力量に依って現ずる」（『不殺生戒記』）

これなども、尊者が私見を雑じえることなく、公平に釈尊の法を説こうとされた心が伝わります。その理念においては、「雑水の乳を飲まず」（水で薄められた牛乳は飲まぬ）という厳格な姿勢でした。これによっても本書『十善法語』の内容は、尊者が自説を展開されるような類の著書でないことは明確です。その筆先にあるのは、何としても釈尊の深意を伝えたいという思いであったことが通読して感ぜられます。さらに、本書『十善法語』については、

「我を知り、我を罪する者は、それただ十善法語か」（『正法律興復大和上光尊者伝』）

とあります。これは、孔子が『春秋』を編纂した時に「我を知る者惟《た》だそれ春秋かな、我を罪する者惟だそれ春秋かな」（後世、私の考えが理解されるとすれば、それはただこの『春秋』によってであろう。また、後世、私が非難されるとすれば、これもまた『春秋』のためであろう）（『孟子』滕文公章句下）と語ったとされるのに倣ったものです。釈尊の法を伝えようとする誇りと責任を感じての言葉であろうかと思われます。いずれにしても幾度も推敲を重ねながら、心血を注いで仕上げられたものなのです。

本書は、私たちの生活の中から真実を見出せるようにと工夫された、真の人間に成長するためのテキストです。誰にでも苦労がつきまとう人生ですが、普通に人生の時を過ごしているだけでは目に見えず考えも及ばないことが、智慧として湧き出ている書です。これから十二巻にわたってこれらの教えを分析し、点検しながら学ぶことになります。

もとよりもすぐなる道をおろかなる
心とまよふ人の世の中　（『慈雲大和上御歌』）

巻第二　不偸盗戒《ふちゅうとうかい》

安永二年（一七七三）癸巳十二月八日、大衆に示す。

性《しょう》の定義

師は説かれた。

今日は不偸盗戒を説こう。『華厳経』の中に、「性《しょう》（本性《ほんしょう》）が不偸盗である菩薩は、身近な生活用具に対して常に節度をたもち、人に対しては慈しみと思いやりがあるので、他人のものを奪ったりすることはない。それらは全て他人の所有物であると自覚しているので、決して盗む心を起こさない。また、たとえ草の葉であっても与えられない物は取らない。ましてその他の衣食住に関する物を盗むはずもない」とある。これが菩薩の修行の十段階のうちの二番目に当たる離垢《りく》地《じ》（煩悩を離れた境地）の心である。菩薩の本性とは本来このようなものなのだ。

「性」とは不改《ふかい》（あらたまらない）という意味であり、どのようなことがあっても変わることがないものを「性」というのである。

この変わらない性の例をあげるならば、暖かいことが火の変わらない性である。水には潤《うるお》いがあることが水の変わらない性である。この水の潤いや火の暖かさは、どのようなことがあっても変わらない。火は暖かいということが性であるように、また、水には潤いがあるということが性であるように、菩薩は不偸盗がその性なのであるから、本来盗みをしないのである。

世界の道理と人道

太陽や月や星が規則正しく移動していく現象を見て、古来より現在にいたるまで自然界の条理が乱れないことを知る。山が崩《くず》れ、川が乾《かわ》くのを見て、この世界に生滅の道理があることを知る。雷や地震の現象を見て、安定と変動とが密接に関係していることを知る。月は満ちれば欠け、物事は盛んなれば衰えることを見て、それがこの世の当然のすがただと知る。鳥獣に羽毛が具わっているのを見て、人の身体には衣服があることを知る。ミミズが土を食べ、蝶が花の蜜を吸うのを見て、口があれば食物があることを知る。蜂が巣を作るのを見て、人が多く集まれば家や町があることを知る。クモが蜂に刺されて毒に中《あた》って芋畑に走っていくのを見れば、病があれば薬があることを知る。

このように、条理は決して乱れることがないと覚れば、人が人の道を守ることに迷わぬ。貧しくても金持ちを羨むことなく、地位が低くても名誉を求めない。世間の盛衰を知れば、得失是非に心を動かしたりしない。今すでに足りていることを知って贅沢せず、乏しいからといって寂しい気持ちになることもない。安定と変動とは切り離せないことを知れば、何事があっても恐れることなく、苦難があろうと心安らかにし、常に慎みを忘れないことだ。

世界のありのままのすがたを覚れば、自らの分を守って、それ以上のことを求めない。衣食住と医薬がすでに具わっているのであるから、それ以外のことに心を使われてはならぬ。

世界常住の十善

世間には正しい真実の教えである十善戒があり、それは常に人々を救うのである。天を仰げば太陽と月を視るように、本来、真実の全てはこの目で見ることができるものだ。仏がこの世界に出られようと出られまいと、世界があり人間がいれば、常に十善は付き従っている。

雷の激しい音を聞くように、耳で真実の全てを聞くことができるものだ。仏がこの世界に出られようと出られまいと、世界があり人間がいれば、常にこの十善は付き従っている。

ただ、悪行を続けることにより真実から遠く離れてしまった者は、世事に奔走するばかりでこの十善の道が存在することを知らぬ。世俗のことばかりに利巧な者は、道理から外れた小さな穴蔵を自分で掘って、自分でその中に入っているようなものなのだ。

仁者の勇

釈尊在世の時であるが、罽賓国《けいひんこく》に毒蛇がいて人民を殺害していた。年老いた羅漢《らかん》が神力を用いても、この蛇を屈服させることができなかった。その時、少年の羅漢が一度指を鳴らして言った、「恵みを与える者よ、ここを去りなさい」と。この毒蛇は直ちに他の場所に移って、その場所の害は止まった。多くの大阿羅漢《だいあらかん》が質問した、「お前はどんな徳があってそのようなことができたのか」。答えて言った、「私は年も若いので、そのような徳などがないことはご存知のはずです。ただ、遮罪《しゃざい》（不飲酒戒などのように重罪を犯すおそれがある軽い罪）を守ることにおいて、あたかも性罪《しょうざい》（殺生・偸盗・邪婬・妄語などの重罪）のようにしているだけです」と。これである。謹慎《きんしん》篤実《とくじつ》（言動がひかえめで誠実であること）ということは強いものである。

また経典の中に次のようにある。ある時、一羽の鶺鴒《せきれい》が鷹に追われて廊下に落ちた。舎利弗尊《しゃりほっそん》者《じゃ》の影の中では怖れおののいていたが、釈尊の影では安らかにしていたとある。これも舎利弗尊者に瞋恚の煩悩はなくなっていても、まだその習慣性の余力が残っているからだ。釈尊は、はるかに昔から大慈大悲の香りが心に染み付いているので、この二人の違いがあるのである。

世間の仏法への批判―戒の平等性

　ある者が言う――仏法で慈悲を主とするのは、儒教の仁を主とする教えに似ているけれども、仏教では平等を本意とするので、虫にも父母にも平等に慈悲をかけ、父母と虫と同じ扱いをすることになってしまう。虫に情をかける道で父母につかえるならば最も親不孝である――と。これらも仏教を知らぬ者が、無理に理屈をこしらえて言ったものだ。仏教では万物の個々の相違を認めている。違いがないとは言えない。

　平等ということを、山を崩して、それで谷を埋めて均一にすることのように思うのは最も愚かなことである。それはゆとりがない考えである。『孟子』に、孔子の言葉として「堅苦しい解釈だな、高老人の詩の解釈は」とある。経典の中にも、動物を恵む道や人民をいつくしんで育てる道、父母、君主と目上の人につかえる道があり、それぞれに違いがあることは歴然としている。

　一般的に、宗教的能力が劣る者は、人から聞いた話を主体とする。だから自分で知っていることだけを正しいとするのだ。

　儒者が老子や仏教の教えを軽視する。老子の道から仏法や儒教を非難する。これらはみな最も愚かなことである。一般的に一事一芸でも、どのような時代にも通じて用いられることは、それぞれにその徳があるものだ。わけもなく不用にすることはよくない。まして道と称され尊重されているのであるから、そこには根拠があるであろう。それはその道に入って学んでみないことには知れないのである。他人の言葉をすぐに受け売りするようなことは、徳を棄てるようなものだ。

知りもしないのにむやみに批評するのは、役立たずの徳のない者が好んで行なうことである。

天地の条理と十善

総じていうならば――天と地があって、そしてこの国土が存在する。太陽と月と星は天の条理として現われ出たものである。山や沢や川や海は地の条理である。国土があれば人が住み、君臣・地位の上下は国の条理である。父子・夫婦・兄弟が家の条理である。国土がない天地もなく、人が住まない国土もない。人間が存在すれば自ずから人の道があり、人がいれば道のない国家もない。

さて、国でいえば、どの国がすぐれた国でないとするのか、道でいえば、どの道が正しくないとするのか。しかし、現実には道に大小・邪正があり、国には勝国・劣国の差がある。人には賢い人もあれば愚かな人もあり、この国の教えは、他の国には通じないし、あちらの人を導く教えは、こちらの人には通じない。智恵のある人を導く教えは愚かな人には示すことができない。愚かな人を導く教えは、智恵のある人には向かない。男性への教えは女性には用いられないし、女性への教えは男性には用いられない。地位が高い人の道と低い人の作法も互いに通じない。

ただこの十善だけが、万国にわたり、古今に通じ、知者も愚者も、地位にも性別にも関係なく、全てにわたって普遍的な道といえる道なのである。

不偸盗戒の普遍性

総じて「これが道である」と言っても、社会的地位や智恵のあるなしに関わりなく、全ての人に通じて行なわれることでなければ道とは名づけられない。昔から今にいたるまで通じて行なわれることでなければ、道とは名づけられない。開けた国と未開の国の両方に通じて行なわれることでなければ、道とは言えない。

この不偸盗戒は、智者も守らなければ智恵を失う。愚者も守らなければ、死刑を免れない。王や徳が高い人も守らなければ国が治まらない。庶民も守らなければ家が整わない。都会にいても守らなければ身の破滅となり家を失う。地方にいても守らなければ災難が子孫に及ぶ。昔も今も守らなければ災難があり、未来にわたって守らなければ災難がある。この不偸盗戒は、万国に、そして古今に通じて、実に道としなければならない道というべきである。

正法に遠い現在の仏法

中でも、悲しいことは現在の仏法である。仏法の根本義を取り違えて解釈している者が多い。近世、教義を打ち立てる者は、仏法を難しく広大に説き示す。見識がある者は推察してみよ。釈尊が在世しておられた時は、天の神々や龍などの人間でない者も説法を聞き、また、人間の性別にかかわりなく、全ての人を集めて説法された。それが今の経文となっている。その内容の極致はとても奥深いものであるが、誰もが理解できる言葉だったので利益を得たのである。難しいものであってはならないのだ。

ただ中国では中世以降、才知がすぐれている者が自分の智恵を難しく表現した。そしてその次に出た者は、それよりも難しいことを言い、その次に出る者はさらに難しく言い出して、今の理論的な教義になったのである。釈尊や菩薩が在世しておられるころにはなかったことである。宗派の教義に詳しくすぐれていても、自分の身の修養にも国を治めることにも何の役にも立たぬ。いうまでもなく、仏教の根本趣旨である輪廻からの解脱という大切な筋道とは異なり、仏の真意にも背くことだ。

逆に近世になれば、僧や世俗の人たちを誘い導く者が、安易な方へ安易な方へと流れていき、自分の宗門では過ちを改めることや悪事を止めることも必要ではないと言い、戒を守ることも禅《ぜん》定《じょう》に入ることも廃止してよいと言う。正しく判断できる者は推察してみよ。釈尊や菩薩が在世しておられたころは、天上の神々や、僧侶と在家の皆が善を行ない、またその上にも善を行なったものである。自分のできる限りの戒を守り、禅定にいそしんだのである。人間には良心があるのだから善を行なえないことはないはずだ。

中世以来、小賢《こざか》しい僧が世に流されて世俗に応じて人々を教化した。そして、その次に出た者は、また世俗に従って人情のまま平易に説き、またその次に出た者は、さらに世俗に従い人情のままに説いて、ついに賢者・聖人の正しい規則を見失い、悪事を行なっても恥じないようになり下がってしまった。

古の明恵《みょうえ》上人《しょうにん》の言葉に「今の諸宗派の僧たちの言う通りが仏法であるならば、多くの道の中で仏法より悪い道はない」とある。この言葉などは見所のあるものだ。今時の諸宗派の者の言う通りが仏法ならば、智恵がある者にもない者にも、才知がすぐれている者にも劣っている者にも、地位が高い者にも低い者にも、昔でも今でも、全てにわたって通じる道とすべき道ではない。

不偸盗戒の道理

この不偸盗戒については次のように憶念してみよ。

今こうして人間世界に生まれ出てきた自分の身体は、過去世での十善の行為の果報として——それはあたかも常に自分に付き従う影のように——現われたすがたであり、しかも、それは仏の本性が一部分縁起したすがたなのであると。

これは面白いことだ。その一部分というのも、その人の行為に応じた分だけが現われているのであり、その行為の分だけの縁起である。それで、影として現われたすがたが自分の身の程なのであり、一生の寿命も福分も社会的地位も智恵も、どのような徳があるのかも、また、災難や家族も定まっているのである。

すでに個々の分限が定まっているからには、こちらのものと、あちらのものとが互いに混じり合うことはできない。それに本来、こちらの縁起とあちらの縁起とは同じではなく、それぞれに分限があるのである。

よく考えてみよ。親が病気の時に、子供が代わってあげることもできない。子供に痛みがある時、親が痛みを分かち合って耐えてあげることもできない。ここに不偸盗戒が現われている。

福分がそれぞれに定まっているのであるから、あちらを減らしてこちらを増やすとか、こちらを減らして、あちらと等しくするということは道に反するのだ。このように、勝手に増やしたり減らしたりすることができないところが仏性そのもののすがたで、これが不偸盗戒の縁起の真実である。

元来、全てのものの本性は真実の現われであり、福徳も平等なのであるが、縁によってさまざまなすがたとなって現われる。国に大小があり、家に貧富があり、人にも困窮と栄達とがある。これらの世界の現象は、善の行為を多く行なった者とそうでない者、また、戒を持《たも》った程度によって、その行為の結果として現われる影のようなものなのだ。

宝間比丘《ほうげんびく》の悟り

また、綿密に思惟するならば、この不偸盗戒は奥深く不思議な趣があるものだ。経典の中に次のような話がある。

宝間比丘という者がいた。初めて僧の戒を受け終わって釈尊の所に行き、礼拝して申し上げた。「すでに戒を受け終わりました。これから先どのような修行をして煩悩を超えた悟りを得るべきでしょうか」と。釈尊は申された、「あなたの物でなければ取ってはならない」と。

宝間比丘は、この一言の教えを受けて礼拝して去り、樹の下にある石の上に坐具《ざぐ》（僧が携える敷物）を敷き結跏趺坐《けっかふざ》して思惟した。

今、釈尊が申された「自分の物でなければ取ってはならない」という教示は、何を意味するのであろうか。他人の金銀財宝や地位に欲をおこしてはならないことは、いまさら釈尊の教えを待つほどのことでもない。今あらためて丁寧に示されたということは、そのことではなく他に重要な意味があってのことであろう。

さて、今ここに自分の物とおっしゃるけれども、自分の物とは一体何であろうか。これまで在家の生活で得てきた家や財産や地位は、出家した時から自分の物ではなくなっている。再びこれに心を寄せるべきでない。次に妻も家族も出家すれば自分のものではない。頓着することはならない。次にこの自分の身体、頭や目や手足は自分の物であろうか。これもただの肉の塊で、父母の肉と血を分けていただいたものである。生まれ落ちて以後、衣服と食物、寝具、医薬で養ってきた物に過ぎない。最後には朽ち果てて土に帰るのであるから、自分の物とも言えない。目で見ている物は自分の物であろうか。これも、こちらに眼球があり、外に物がある。途中に空間があり、光があって、それらの条件が合わさって仮にそのような形として見えているだけである。鏡に映っている像のように常に変化していくもので実体はない。そのようなものは自分の物とは言えないのだから取ることなどできない。

次に耳で聞いている音は自分の物であろうか。これもこちらに耳の器官があり、外に音がある。遠くであろうと近くであろうと、他に遮《さえぎ》るものがない時、色々な条件が合わさって仮にそのような音が聞こえているだけである。静かな谷に響く音と同じで実体はない。そのようなものは自分の物でもなく取ることはできない。

また、心は善悪、邪正《じゃしょう》、是非、得失を分別するが、心は自分の物であろうか。この心それ自体も自分で心だと知っているわけではない。自分で心だとも言わない。認識を意味する「意」や、その主体である「心」という名称も外から仮に名付けたものであり、結局は感覚器官が捉えた影のようなもので実体はない。自分の物でもなく取ることはできない。

このように憶念した時、物にとらわれた心を完全に離れて、何のわだかまりもなく心が開けて、初めて聖者の境地に入り、さらに思惟して全ての煩悩を断じ尽くした涅槃を得たとある。

この話によって考えてみよ。不偸盗戒の一戒でも大いに深い意味があるのだ。すぐれた能力のある人でなければ、この戒の奥底を極め尽くすことはない。初めは他人の物を盗んではいけないということから始まり、ついに聖者に至り、菩薩に至り、全てを超越して仏の教えを衆生に示して救済するまで、この全ての行程が不偸盗戒の具体的なすがたなのである。

不偸盗戒の異熟果《いじゅくか》・等流果《とうるか》・増上果《ぞうじょうか》

業（行為）は心を発端として起こる。物事には大小があるが、その道理に大小はない。心があるところに業がある。心が根本の道理に背き真実から離れていけば地獄も出現するはずである。餓鬼も畜生も存在するはずである。この地獄と餓鬼と畜生の世界に堕ちる果報を異熟果という。

不偸盗戒を犯す者は、たまたま人間に生まれても貧窮であり、金銭が自由にならない。この果報を等流果という。五穀を植えても霜や雹《ひょう》の被害を受ける。これを増上果という。

不偸盗戒を犯す者は、本来欠け目のない仏性を持ちながらもそれに背き、生まれ変わるたびに貧窮でいやしい身分となる。ただ慎みをもってこの戒を守る人のみが自己の中にある宝を永遠にたもつのである。

【解説】

この戒では、他人の物を盗まない、与えられないものは手にしない、他人の物を無断で使用しない、借りた物は速やかに返す、などと『十善法語』の中では説かれています。菩薩は他人の物を手にしようという心さえ起こらないとあります。それは、盗まないということが菩薩の本性だからです。これは、不偸盗戒が菩薩の性《しょう》であるだけではなく、他のどの戒であろうと戒の趣は菩薩の性なのです。戒を犯す心が起こらないのが仏や菩薩の性質です。

さて、私たちの存在も本来は仏性そのものです。第一不殺生戒においても、仏性（法性）は「人間生まれままの心」とあり、「十善は生まれままに具わってあるじゃ」（巻第一【仏性と善】）ともありました。それなのに、私たちが戒を犯すのは何故でしょうか。「衆生本来仏なり」（白隠禅師）・「悉有《しつう》は仏性なり」（道元禅師）などと説かれているにもかかわらず、私たちが何故修行しなければならないのか、という疑問にもつながります。それを尊者は、

「珠玉《しゅぎょく》の琢磨《たくま》を待ちて光彩を発する如く、性戒《しょうかい》十善は謹慎護持《きんしんごじ》の中に、人天《にんでん》の楽果乃至無漏《らっかないしむろ》勝妙《しょうみょう》の果を顕《あら》わす」（巻第一【謹慎護持の功徳】）

と説いておられます。迷いの中にある現在の私たちには「珠玉の琢磨」、つまり、心を磨き深めていく修行がなければ、十善という宝は光を失ったままだということです。例えば、月は確かに存在しているのに、雲に蔽《おお》われて暗闇になっているようなものです。琢磨とは、道場で仏道の修

行をすることだけではありません。たとえ厳しい修行をしていても「謹慎護持」に努めなければ到達しないということです。「謹慎護持」を具体的にいえば、四威儀（行・住・坐・臥）において慎みがあり、十善を常にたもつことです。

「熱心な修行と清らかな行ないと感官の制御と自制と、――これによって〈バラモン〉となる。これが最上のバラモンの境地である」（『Sn.』六五五）

尊者にとっては次のような表現がこの真髄を表わしています。

「正法《しょうぼう》とは、経・律・論を多く記したを云うでない。神通あるを云うでない。光明を放つを云うでない。無碍《むげ》弁舌を云うでない。向上なるを云うでない。ただ仏の行なわせられた通りに行ない、仏の思惟あらせられた通りに思惟するを云う」（『法語集』正見）

正法とは、釈尊直伝の真理を説いた仏法のことです。その仏法は摩訶不思議な体験をいうのではなく、仏のように理に従った行動をすれば良いだけであると。明恵上人《みょうえしょうにん》が「光る物貴《たっと》くば、蛍玉虫《ほたるたまむし》貴かるべき。飛ぶ物貴くば、鵄烏《とびからす》貴かるべし」と語られたことを想起します。それは特別なことではなく私たちの日々の生活の慎みの中にあるのです。十善はその指針です。

次に、もう一つ疑問となるのは、仏教は平等を説いていますが、私たちには何故この世は不平等に見えるのか、ということです。それは、果報の現われる時期には時間のずれがあるからです。つまり、行為（業）の結果はすぐに現われるとは限りませんから、悪の行為の果報が現世では現われずに来世で果報を得ることがあります。私たちの現実の生活の中でも経験するように、多くの場合、結果が出る時期を予想することができません。現世で悪行を重ねながらも、恵まれた生活の中にいる人の場合などは、悪行の果報がないのではなく、その悪業の果報がまだ現われていないのです。現在の行為の結果を現世で受けることを順現受業《じゅんげんじゅごう》、次の来世で受けることを順次《じゅんじ》受業《じゅごう》、それ以後の世で受けることを順後受業《じゅんごじゅごう》と分けられているのもそのためです。

また、

「今、人間世界に生まれ出《いで》し自己五尺の色身《しきしん》は、過去世十善の影にて、仏性の一分《いちぶん》縁起せるすがたじゃ。まず面白きものじゃ。これはこれだけの影、これだけの縁起なるによりて、影が手前分斉にて、一生の寿命も福分も、位も知恵も徳相も、災難も眷属《けんぞく》も、定まりたるものじゃ」（【不偸盗戒の道理】）

という因果の道理について語られていることに注意すべきです。これは自然界の全ての現象についても例外ではありません。この世界で起きていることは縁起の道理による現象であり、自分には具わった分限（分斉）がある――このように自覚できないところに苦悩の原因があるということです。

「仏性の一分縁起」とあるのは、過去世からの因果によって現在がどのような状況にあろうとも、全て仏性の現われだということです。迷っていようとどこまでも真実の中にあり、楽果も苦果も仏の中にあります。求めれば仏が救ってくださるという繋がりではなく、すでに仏の中にあるのです。仏と一つです。そこでは因果は無いに等しいものとなります。そこに因果の只中にありながら因果を超えた、即ち、因果の繋縛《けばく》から解放された境涯があります。本当の自由とはそこに現前してくるのでしょう。

「これはこれだけの影、これだけの縁起」は人間個々に具わっている分限のことです（影というのは、実体がないことの譬えですが、業報については巻第八の解説を参照）。分限があるからといって不自由ではありません。分限の中で存分にはたらけば大自在です。また、自分の分限を自得していなければ、他人と比較して自分を見失うことになります。本来、分限というものは比較しても意味がないものです。むしろ、分限があるからこそ、それが個性となって発揮されます。分限は個性の宝庫なのです。

人の分限・分斉というのは、その人に何らかの与えられた仕事や課せられた役割があるというようなことだけを意味しているのではありません。むしろ存在そのものが分であり、天地と共にこの命が在る、ということがすでに分なのです。それで、人としての在り方を全うすれば、自然に自分の分を全うすることになる、それがここに説かれる十善の道です。それがまた天命です。

「我が分限の外《ほか》なる物をとり用いるを偸盗というなり」（『人道』）

因果によって定まっている自己の分限への十分な得心がないので、他人の分限を侵害することに罪を感じることがありません。その結果、他の分限を犯してしまう、これが偸盗なのです。人それぞれが動かしがたい生活環境の中で、他の誰にも代わりようがない人生を送っているのは現実の通りです。この他人の分限に対して自分の欲で侵すことが偸盗の根本義なのです。尊者はその具体例として、次のようにやさしく示されています。

「親の病ある時、その子これに代わることもならず。子に痛みのある時、その親が分かち忍ぶこともならぬ。この処に不偸盗戒があらわるるじゃ」(【不偸盗戒の道理】)

と語られるように、不偸盗の原理を掘り下げてみれば、単に物を右から奪って左に移すという物理的な面だけではないことが理解できます。このように、根本では他の存在領域を犯すことですから、ものの本来のあるべきすがたを奪うこと、つまりそれは理に背く悪業となります。

国にも国の分限があります。元来、国境などというものは人間が引いた線ですが、自然に定まってきた国のあるべきすがたを戦争によって奪うことは偸盗となります。以上の原理からすると、この不偸盗戒のすがたは非常に広範囲に及びます。ここに『人となる道』より追記しておきます。

「借りて返さぬ。問わずしてみだりに用いる。損じて償《つぐな》わぬ。専らに用いて他の用を防ぐ。同じく労して我ひとり賞にあたる。簿籍《ぼせき》をたがえ記して私をまじうる。下を虐《ぎゃく》して上にへつらう。上を侵して下にまじわる。彼を減じて此れを増し、ここに奪いて彼にあたうる。詩文章家の他の佳句をぬすむ。農夫の田際を侵す。溝渠《こうきょ》に穴を穿《うが》ちて他の水をぬすむ。有司《ゆうし》の賄賂にふけりて理非をまげ判ずる。傭夫《ようふ》の一日の雇《やとい》をうけて、その事に怠るは一日の盗なり。子として孝ならぬは終身の盗なり。臣として忠ならぬは満家《まんか》の盗なり。……他の才をかくさず。人の徳をおおわず。鳥獣の巣をやぶらず。亀魚の水を涸《か》らさず。時ならねば花を折らず。熟せねば菓《このみ》をとらず。名《な》と器《うつわ》とは家にまもり、財と穀とこれを国にもちう」(『人道』)

巻末には釈尊の弟子である宝間比丘《ほうげんびく》の話があげられています(【宝間比丘の悟り】)。釈尊は弟子の宝間比丘に対して、僧としては周知の「あなたのものでなければ取ってはならない」という課題をことさらに与えられます。これは釈尊がこのテーマによって宝間比丘が悟りを得るであろうと見越してのことです。これを受けた宝間比丘の不偸盗への憶念が深まっていく過程は見事です。自己と物の本性への観想を深めることによって「空」の体得へと導かれていきます。私たちも幾度もこの過程を読み返しながら、宝間比丘と同じ道をたどり、憶念することによって深化し、自己とこの世界の真実を知る便りとしたいものです。

宝間比丘は偸盗の根本を憶念する際に、この世に自分の物というものがあるのだろうか、と自問します。これは非常に大切な問いです。何事においても、当然だと思っていることを再検証することは道の要津《ようしん》です。

「人々は『わがものである』と執着した物のために悲しむ。(自己の)所有しているものは常住ではないからである。この世のものはただ変滅するものである」(『Sn.』八〇五)

「人が『これはわがものである』と考える物、――それは(その人の)死によって失われる。われに従う人は、賢明にこの理を知って、わがものという観念に屈してはならない」(『Sn.』八〇六)

人が生きていく上において、物は必要不可欠です。最低限の衣食住ですら物なのです。しかし、物に価値の基準を置いて生活している人は、心でも物を主体として生きていますから、死の床における一切の物との決別の時、それまでの価値観は崩壊し、心が安らぐ場所を見出せなくなります。その苦悩は物に執着していればしているほど激しいのです。この世は心と物の世界ですが、心と物の関係をよくよく学んでおかないと人生の最後に思わぬ落とし穴が待っています。そしてこれは物だけではなく、名利《みょうり》に対する執着も同じことです。

宝間比丘の悟りのように、不偸盗戒というわずか一つの戒であっても、徹底しさえすれば、全ての戒の本性に達し、真実に到ることができます。広大な海のどの一滴も海の水には変わりがないように、一つの真実の体験は真理全体の体験に等しいものでしょう。真実へはどの道からでも通じているからです。たとえ苦悩の中にあったとしても、道に至ることは可能です。

手にふれてをのがものとや思ふらん
その法ならぬ法の面影　（『皓月尼集尊詠写』）

巻第三　不邪婬戒《ふじゃいんかい》

安永二年（一七七三）癸巳 十二月二十三日、大衆に示す。

不邪婬戒序説

師は説かれた。

不邪婬戒を守るすがたは正しく尊いものである。在家の不邪婬戒とは、世間で許さない不倫の行為を行なわないこととのみ思ったり、僧の不婬戒（性的な関係を全く断つこと）が愛着の心を起こさず不浄の行為をしないということのみを意味すると思っているが、そうではない。

この戒を守るすがたは、真実そのものが現われ出たもので、人間界や天上界の人々を利益《りやく》し、さらには清らかな悟りに達する聖なる大道なのである。世間では、男女間のことを話せばふざけて笑って聞くようであるが、そのようなことではない。律の聖典には、婬戒について説く時、笑う者がいれば追放せよとある。仏や菩薩が教えを貴ぶとはそのようなことである。

真実の本性が縁起しなければそのままであるが、縁起すれば天地となって現われる。この天地の中に男女となって出現する。その男女の中に不邪婬戒・不婬戒という戒のすがたとなるのである。

要するに、この男女の違い、容姿と心の違いも、そのまま真実が現われたすがたなのである。経典や論書の中で、仏が直接この世に存在しているものを分析されている。その中で人間の有能な機能を二十二に分け、その身体の一部分として男女二根を示しておられる。それには深い意味があり、世間の妄想する者に理解できるようなことではない。ただ禅定に入って確信するに至って、初めて仏の境涯と一致するものなのだ。

不邪婬戒の理

世間の者が男女のことでさまざまな間違った考えを起こすのは、ただ迷う者の私的な見解に過ぎない。麻の縄を蛇と見間違えるのは麻の罪ではない。木の切り株に人間の顔が出ているように見えるのは切り株の罪ではない。迷う者はどうしようもないものだ。

真実の世界が天地という形となって出現すると、天では太陽・月、星々があり、虹、春夏・秋冬がある。地もさまざまな形を現わして山、川、海があり、土壌には肥えた土地と痩せた土地がある。国には中央と地方とがあり、その中に住む人間も各々違いがある。面白いことだ。このようなありさまを通じて真実を感得する楽しみは、この広い世界全体を通じて尽きることがない。

真実そのものが男女となって現われ、男性は天の徳を全て具えており、女性は地の徳を全て具えている。陰（女の性質）と陽（男の性質）が添い合って万物が生ずる。剛（男の性質）と柔（女の性質）が添い合って万物を育てる。夫婦間のことは誰も知らないことであるが、男女の道が正しければ天地の気候も自ずから正しく、男女の道が乱れれば天地の気候も自ずから乱れる。譬えて言うならば、からくり人形の糸を引っ張るようなもので、連動したものである。面白いことだ。心が真実と一つになるならば、この俗世間的な目がまたたく間に開けて、このからくり人形の原理が見えてくる。面白いものだ。このようなところから真実が見えてくる楽しみは、衆生界の全体を通じて尽きることがない。

不邪婬戒と自然界の理

どの地域でもどの時代でも、その国にはその国の災いがあり福がある。その家にはその家の災いがあり福がある。その多くは夫婦関係が邪か正かによる。たとえ平凡な夫婦のわずかな身であろうとも、この道に慎みがある者は、その身に天の福をうける。この道が乱れる者は、その身に災難が集まってくる。

もし、その国の王や大臣が奥深い部屋にあって、誰が見ることなく誰が聞くことなくても、夫婦関係が正しければ、太陽や月や星々の動きの法則も乱れることはない。山川草木や人間にも災いがない。夫婦間が乱れれば必ず天の異変として現われて、太陽や月や星々の動きも乱れ、その混乱は大地にも現われて、山川草木や人間にも異変や災いがある。国家の平和と混乱の命運も、これによって定まるということである。

そこで、男性には男性の教えがなければならず、女性には女性の教えがなければならず、男女の交わりにも交わりの教えがあるのである。世間の全ての礼儀作法も、この教えを基本にしてなされる。世界も国家も、この教えを基本にすれば自ずと治まるのである。

不邪婬戒と男性の徳

天の徳を全て具えて男性として身体を得ていることも尊ぶべきことである。地の徳を全て具えて女性としての身体を得ていることも尊ぶべきことである。この徳を徳のままにはたらかすことで不邪婬戒となり、その結果、国や家が治まることも尊ぶべきことである。まして出家者が男女の交わりを断ち、禅定や智慧を得るに足る修行者となることは尊ぶべきことである。

出家者の身体的条件

このようなことは、とても意味深いものであり、平凡な者が理解しがたいところである。なぜならば、真実の道は人間の全ての機能に現われ出ており、全ての機官に具わっているからである。

十善と大・小乗

在家の一部の者が、仏典と俗世間の書物との内容の違いに迷ったり、仏教徒が大乗仏教と小乗仏教とでそれぞれの立場に固執して論争するが、このようなことは正統な十善の伝承では認められないことだ。この十善は、俗世間と悟りへの道との両方に共通するもので、大乗・小乗をも分け隔てなく利益を与えるとある。出家の僧でも、在家の者でも、それぞれの道を正しく守る者は、皆この十善の法の中の人なのである。

世界の成立

釈尊が説かれた正しい仏法では、この世界が空中に浮かんでいるのは、虚空に雲が点在しているようなものだとある。その虚空はただ何もないのではない。種々の世界を生じて止むことがない。なぜか。それはこの虚空こそが縁起する場所であるからだ。これによって、虚空のある所は広大な世界が充満して欠けることがないという。縁があればさまざまな現象が起こり、縁がなくなれば滅していく。道理を悟った者の眼には、水面に泡が生じたり消えたりするのを見るようだとある。

この世界も、変化のないただの土の塊ではない。命ある生物や物質を生じて止むことがない。この世界がある所は必ず衆生が充満していて空《あ》いている所がないということだ。縁がなくなれば死となり、再び縁を結んではここに生まれてくる。道理を悟った者の眼から見れば、めぐりめぐって終わりがないように見えるとある。

広大普遍の仏法

今時の仏教以外の典籍を学ぶ者は、仏の教えが広大であることを知らない。知らないから悪口を言う。仏法というのは自分の身体を清らかにしようとして世間の道を乱すものだと批判して言うが、そのような考え方は粗雑なのだ。まれに仏法が尊いものであると信じる者があり、刈萱道《かるかやどう》心《しん》や西行法師のすがたを見て、俗世間での人間関係、親子、夫婦をも捨てて、深い山の中に入らなければ仏法の門に入った者ではないと思うようであるが、そのようなことも考え違いである。この類は仏法の中では、騒がしい社会を避けて名声などを嫌ったごく一部の人なのだ。この一部だけをとって仏法の全体を見るのは間違いである。

仏法は広大であり、一切の人に通じ、これに漏れる人などはない。在家には在家の仏道がある。出家には出家の仏道がある。心が大きい人には大きい人の仏道がある。心が小さい人には小さいなりの仏道がある。王様には王様に対する仏道がある。后には后の仏道がある。臣下や庶民には臣下や庶民の仏道がある。居士には居士の仏道があるのだ。

仏法に形相なし

『華厳経《けごんきょう》』の「入法界品《にゅうほっかいぼん》」では善財童子《ぜんざいどうじ》が五十三人の師を訪ね歩くが、その中には念仏三昧の出家の比丘がいる。子供に文字の基本を教える先生がいる。厳しく罪人を罰する王がいる。お香の種類を聞き分ける富貴の人がいる。海の中の様子を知り尽くす船頭がいる。その夫を一心に仰ぎ慕う貞女がいる。火や剣の地獄に堕ちる外道がいる。このいずれもが仏道に通じていることを説くのであって、仏法とは特定の一部分だけのことで説き尽くされるものではない。

密教の修行では、修法に応じて本尊とする仏を決定し、また修法の趣旨に応じて壇のさまざまな荘厳法《しょうごんほう》があり、そして世間の全ての事柄がこの法の中に含まれているのである。

釈尊の教えを聞くすぐれた弟子たちの中で、迦葉尊者《かしょうそんじゃ》は、ひたすら乞食《こつじき》の修行をする。目連《もくれん》尊者はもっぱら神通《じんずう》を授ける。婆須蜜《ばしゅみつ》尊者は常に猿を集めて一緒に生活している。迦留陀夷《かるだい》尊者は主として出家者と在家の人を教え導く。薄拘羅《はくら》尊者は一生尼寺に入らず、食べ物も着る物も施しを受けない。善和《ぜんわ》尊者は、ただ仏を讃《たた》える詩を吟ずることだけで過ごしている。これらの師は全て欲を超越して世間に福を与える人となり、位は人間界と天上界の上にいて、その徳は最高位の神々と同じである。それぞれの悟りの境涯は同じでも、その表現の形は種々あるのである。世間を逃れて隠棲するという一面だけから仏法をとらえるのは愚かさも甚《はなは》だしいものだ。

破戒僧の現状

そうではあるが、今時はどの宗派の中にも本当の僧侶は得難い。その多くは忙しく俗事に奔走して、西行や刈萱道心の志にも及ばない。地位を求め収入を貪り、陶淵明《とうえんめい》・劉遺民《りゅういみん》のような隠者の様子もない。甚だしい者に至っては、煩悩に縛られて婬戒の一条も守ることができない。多くが邪婬を行なっている。名は仏子であっても、その行ないは俗世間の普通の人にも及ばない。幼い者から老人に至るまで、この戒律が尊ぶべきものであることを知らない。知らぬから批判する。また、戒律は小乗の修行に過ぎないとか、形ばかりのものだと言ったり、また粗暴な言葉で、持戒は恥ずべきことだと言ったり、自分は戒を一つも持たないし、破ることもないと豪語したりする。経典の中で「畜生に異ならない、木片にも異ならない」と叱ってあるのはこのような僧のことだ。実に浅ましいことである。

真実の道を歩く僧が不婬戒を守るのは、正しい仏法が存在する所である。この世では珍しいことである。眼・耳・鼻・舌・身体を因として起こる五欲の中では、身体の接触による欲が最も強く、心の欲では執着心が最も深いとある。この婬欲は身心を縛りつけて永遠の苦悩となる。この身心を愛欲のままにしておくならば、この世界のあらゆるものが執着の対象となる。それがめぐりめぐって他人を軽んじる高慢な心になり、時には争いを起こすことになる。畜生界・阿修羅界も、これより造り出されるのである。

真の出家僧

釈尊の大慈悲心が出家僧団をこの世に残し、人間界と天上界の福縁とされたのである。この出家僧を礼拝する者は人間界での尊い位を得る。供養する者は、人間界での福禄と繁栄の報いを得る。供養を受けた僧は、自分自身が生死を繰り返してきた迷いの生身であることを知る。敬意の礼拝を受けて、世間の名利や競争心にとらわれることがない。縁があれば世間に出て、人々の福徳が生ずる基となる。黄金の宮殿や朱塗りの高い御殿の中にいても、美しい織物の上に坐っていても、心は常に樹木の下や石の上で三昧に入っている時と変わらない境地のままである。この世との縁がなければ、隠棲して心の徳を煉《ね》る。袈裟は幾度となく破れ、乞食《こつじき》の鉢《はち》はいつも空っぽの状態であっても、身心は常に泰然としている。この天地の間にありながら世俗の道を超越している。超越する者こそが人倫の師となる。出家者の道とはそのようなものである。

経典の中に、男性は智慧がすぐれているが禅定が劣る。女性は禅定にはすぐれるが智慧が劣ると説かれている。天の徳を全て具えている男性が、その徳分を十分に仏道にはたらかせるならば、智慧を発揮する。地の徳を全て具えている女性が、その徳分を十分に仏道にはたらかせるならば、禅定を発揮する。禅定と智慧は本来別のものではないので、智慧のあるところには必ず禅定が伴う。禅定のあるところには必ず智慧が伴う。それで男性が真実の智慧の力を満たせば禅定と智慧が増して仏の境涯を得る。女性が真実の禅定を満たせば、禅定と智慧が増して仏の境涯を得るのである。

慈雲尊者筆「山色清浄身」

【解説】

この戒は男女の関係を正しく導くために説かれています。人間には三大欲求である睡眠・食・性の欲がありますが、この三つあるいは、名利《みょうり》の欲なども含めて、これらの欲を戒律では制します。しかし、単なる禁欲主義から発したものではないことを理解することが大切です。

「夫婦の道正しく、不邪婬戒を守るは、天地和合の義に順ずる」（【天地和合の理】）

自然界が天と地に分かれている事実から根拠を出されています。ここに道徳、倫理との相違がありますます（十善戒は道徳の領域も兼ねる）。そもそもこの世に男女が分かれている理由は何でありましょうか。もちろん生物学的な根拠はあるでしょうが、ここでは生物が発生する以前の道理から展開していきます。

「天地あって然《しか》る後に万物あり。万物あって然る後に男女あり。男女あって然る後に父子あり」（『易』）

二分されているのは男女だけではなく、それ以前に天と地があり、陰と陽があり、有と無があり、動と静があり、剛と柔があるなど、この自然界は二分された世界です。つまり、男性と女性に分かれていることは、自然界の二分と無関係ではありません。なぜならば、これらの全ては法《ほっ》性《しょう》（真実）そのものが縁起して現われ出たもの――仏教ではこれを、法性縁起・真如縁起、また、尊者は仏性縁起、また、業によって縁起することを業相縁起（業感縁起）とも言われます―

―だからです。

男性と女性の心や身体の造りに相違があるのは、天と地の様相に相違があることと同じ道理です。

「法性が男女と成り来り、この男子ありて天の徳を全くする。この女子ありて地の徳を全くする。陰陽ここに配して万物生ずる。剛柔これに配して万物を育する」（【不邪婬戒の理】）

「天の徳を全くして男子の身を得るも尊むべきことじゃ。地の徳を全うして女人の身を得るも尊むべきことじゃ。この徳を徳の通りに用い行うて不邪婬戒となり来り、国にありては国治まり、家にありて家治まるも尊むべきことじゃ」（【不邪婬戒と男性の徳】）

このように、男女二分の原理を考えることによって、自然界の道理と男女の道が一つであることが説かれています。道徳や一般常識と一致する面もありますが、尊者はそれらの本源から探究されるので、もっと広い範囲に及びます。即ち人間を特別な存在として見るのではなく、人間も自然界の道理が現われたものですから、人間の生育も草木の生育と理は同じです。

「事《じ》に大小あれども理《り》に巨細《こさい》ない」（巻第二【不偸盗戒の異熟果・等流果・増上果】）

「物に大小はあれども、その理は違《たが》わぬじゃ」（巻第九【物質の四相】）

などは意味深い言葉です。すでに道理として男女のあるべきすがたが定まっているので、この道に背くことは不邪婬戒を犯すことになります。自然界の理を壊すと天変地異が起こるように、人が男女の理に背くと、そこでも異変が起こることは当然です。

「これに背く者は家にありて家の礼儀乱るる。衰滅の兆《きざし》じゃ。国にありて国の政乱るる。危

亡の階《きざはし》じゃ。或は子孫断絶し、或は子孫に至るまでその禍《わざわい》あるということじゃ」（【天地和合の理】）

不邪婬戒に限らず、道理を無視して生活するところにすでに禍の兆しがあるのですから、禍がないことを願うならば、道理に準じた正しい生活をするに及ばないわけです。

尊者は、『十善法語』を初めとする十善を説いた一連の著書を、需《もとめ》に応じて皇室に献上されています。これによって一国の主が十善を守ることの重要性が示されることとなりました。一家の主が理に背いた行為をすれば家の崩壊を招きます。現代でも、会社のトップの地位にいる人の十善は社運に影響を及ぼすことでしょう。まして、国の重要なポストにいる人が、道徳・人倫はもちろんのこと、この理に反するならば、国の行く末にも関わることです。これらのことを知らずに名利に心を奪われている人は大きな罪を背負うことになります。社会的地位や名声のある人ほど自分の身を慎まねばなりません。

邪婬の要因は愛着です。この愛着の心が心身を繋縛《けばく》します。このことを学んで知り、道を実修できるのは人間だけです。

「禽獣は道を教うべき器ならず。ただこの人界、教えば上天《じょうてん》にも通ずべく、誤れば禽獣に落つべしといえり」（『人道随』）

人であればこそ道を学んで天地と一体となり、そのはたらきを共にすることができます。ここに人の尊さ、そして教えの大切さがあります。ただし「禽獣に落つべし」とあるからには、人は天上界にも昇れば地獄にも堕ちるということです。天地と道理を同じくする男女の道ですから、自然界に秩序があるように人間界にも秩序があります。それが俗世にあって礼儀の基となります。残念ながら、近代ではこの意識は薄らいでいます。男女平等ということも、このような天地の道理から考えてみると、その平等の自然なあり方が察知できるはずです。

「男女の間、その道正しきなり。この道だに正しければ、礼儀はおのづからそのなかに備わるなり。天象のあらわるる、多くはこの道なり。人知れぬ身の行ないは、ことに天神地祇《てんじんちぎ》の知るところなり。家の治まり国の治まる、内外の眷属《けんぞく》みなその人を得る、この戒の徳なり」（『十善戒相』）

人間社会の礼儀と天地の道理とが根本的には同じであるところに、真の和合が成立することでしょう。聖徳太子の十七条憲法第一条「和を以て貴しと為す」はよく知られていますが、それに続く文には「忤《さから》う無きを宗《むね》と為《せ》よ」とあります。この「忤う」を、お互いに反発しないように、という意味に受け取ることもできますが、和ということが天地の和と同根であるという観点からすれば、「忤う」を道理に背かないように、という意味に取ることができるでしょう。

その後の文に「事を論ずるに諧《かな》えば、則ち事理《じり》自ずから通ず」とあり、これが事理の無碍《むげ》（現象と道理とは不二である――華厳の思想）を意味することからも、憲法全体が仏法によるものと考えられます。つまり、太子の底意としては、この「和」や「忤う」は人間の社会的現象だけのことを意味しているのではなく、根本的には天地の道理を示したものです。そして、自然界同様に人の和も融通無碍《むげ》であるようにと願われてのことでしょう。

この不邪婬の実現は、天地の無為の作業と同じであり、その徳は清浄行《しょうじょうぎょう》です。「人知れぬ身の行ない」とは、『大学』の「慎独《ひとりをつつしむ》」（人が見ていないところでも行ないを慎む）にも通じることでしょう。この「慎み」は、心に飾り気がなく正直で驕《おご》りがないところから自然に行なわれるものです。これは前巻の「謹慎篤実」にも通じます。このような清浄の意味について、尊者が揮毫された書に、

「清浄とは般若空《はんにゃくう》なり。身を守るべし。家を保つべし。人にまじわりて敬をうしなわず。財を守りて拭損《しょくそん》せず」

という法語があります。「清浄」というのは不浄な物を掃《はら》い捨てて清浄にすることではありません。浄も不浄もなく、どちらにも心がとらわれることがない（中道）ことが清浄で、それが仏道の「般若空」という境地に等しいのです。空という智慧によってこそ、この社会での与えられた人生が護持されていくのです。

「十善を外《ほか》にして別に般若を求めば、この般若悪取空《あくしゅくう》に堕《だ》す」（『人道』二）

自分の身体や家や財、また、会社、組織を守ることに、仏教の説く清浄《しょうじょう》や空などは実利的でないと思う人もいるでしょう。しかし、長い目で見れば、このような観点から周辺に起こるさまざまな出来事を見据えていかなければ、努力して得たものもそのうちに崩壊してしまうでしょう。世の中に三代続くものはないというのは、目の前のことだけに追われ、この世界の本筋を省みない結果です。

いずれにしてもこの不邪婬戒を、ただ男女間のこと、または道徳上のことだけで済ませておくのは短絡的な考えに過ぎないのです。

男女のあり方は、現代では人間の考える理想像を標榜するようですが、それが自然界の道理に背くものであるならば、どこかでその反動として、人間の生活に円滑さを欠くことになるでしょう。

【天道と人道】

本来仏教は、独自の教義を立てて、その教えを広めようとするものではなく、この世界の真実を伝えるために釈尊が世に出て語られたものですから、

「仏出世《ぶつしゅっせ》にもあれ、仏不出世《ぶつふしゅっせ》にもあれ、この道常に存在して世間に住するじゃ」（巻第一）

とあるのです。この表現は『十善法語』の中でも幾度となく表明されていますし、また、しばしば仏典にも説かれています。この一文のメッセージは非常に重要な意味があります。再三この表現がなされるのは、仏教があらゆる宗教・思想の枠を超えた宇宙全体にわたる道理を説く教えであるからです。そしてまた、尊者自身もこの一真実の世界からこの俗世を眺めておられるのです。尊者の法語の深意を知るには、このような境涯から語られていることを念頭に置きながら読み進める必要があります。

先の『易』の文献は仏典とは関係がないように思われますが、尊者はどのような書物であろうと、その中に一部でも真実を説いているところがあれば、それを取り上げて評価されています。

『易』や諸子百家、特に孔子・孟子、老子がそれに当たります（朱子学には批判的）。真実を伝えることにおいては思想の領域にはこだわりがありません。

また、たとえ儒教・仏教・神道の各方面からの言葉が用いられていても、決してその語句の既成概念に留まらないのが尊者の特徴です。儒教や神道の言葉を引かれても、真実を伝達する材料として使われているに過ぎないことも多々あります。尊者にとっては伝える内容（真理）に変わりはないのですが、伝達材料としての言語が異なっているだけなのです。その顕著な例は『双竜大和上垂示』の中で『人となる道略語』の文体について述べられ、

また、

「この法語は、表向きは仏法で書いたけれども、一句一句に神道を蹈《ふ》んで書いた」（『双垂』）

「この文帖は心は神道の趣意にて、文面は儒文のつづきを以て書いたものじゃ」（『双垂』）

などとあります。つまり、文章の表現としては、仏教と儒教の言葉が入り混じっていますが、深意は神道の趣旨であるということです。もちろん儒教にも神道にも仏教にも、固有の解釈がありますが、それらを全体的に大きく含み得て、そのような思想を分ける必要がない一真実の場所からの語りかけなのです。

朝夕にわがなすわざをおもひしれ
　やすきをもとの心とはして　（『皓月尼集尊詠写』）

巻第四　不妄語戒《ふもうごかい》

安永三年（一七七四）甲午《きのえうま》正月八日、大衆に示す。

不妄語戒序説

師は説かれた。

不妄語戒とは、何事においても偽《いつわ》らないことである。見たことや聞いたことを、全てありのままに言えば済むことである。分かりきったことで、守りやすいことでありながら、このありのままが実に徳があるのである。初心の者は、嘘を言わないだけのことであるから、そのことに深くすぐれた徳などあろうはずがないと思うであろうが、そうではない。

もしこの不妄語を身命を惜しむことなく守って、どのようなことがあってもこの戒は破らないようにしようと真心から決心したならば、その徳はこの世の全てに行き渡るのである。つまり、日々の行動の全てが真実の教えと一致し、見るもの聞くものなどの感覚が真実の世界と一致する。

この不妄語を守る中に福徳も智慧も具わり、ますます増大していく。寿命も有縁の人の数もこの不妄語を守る中にますます増大していく。貪欲・瞋恚・邪見がこの不妄語を守ることよって薄くなっていく。殺生・偸盗・邪婬もこの不妄語を守るうちに超越するのである。

このような嘘のない言語、つまり「真実語《しんじつご》」というものは、真実そのものが顕われているすがたであり、この世間に利益を与えるものである。このように実に広大な意味があるのだ。

自己の真実

密教の経典の中に、大日如来の徳をほめたたえ、「身口意業《しんくいごう》は虚空に偏ず」（身体と口と心のはたらきは虚空のすみずみまで行き渡っている）と説かれている。これは誰もが覚えている経文の一句であり、真言宗の立場からの解釈があるであろうが、それはまず置いておいて、本意は次のようなことである。

つまり、真実の世界とは本来まったく何もない世界ではない。身体の行動そのものが真実が現われ出たすがたである。これが条件によって縁起すれば、この真実の世界の計り知れない身体となって現われるのだ。この言語表現がそのまま真実が現われ出たすがたである。これが条件によって縁起すれば、この真実の世界の計り知れない音響・言語となって現われるのだ。心のはたらきそのものが真実が現われ出たすがたである。これが条件によって縁起すれば、この真実の世界の計り知れない思惟・認識となって現われるのだ。

このように、いつでもどこでも隠すことができないところを真実の如来という。この自己の身体の行動（身）・言語表現（口）・心の作用（意）がすでに真実の現われなのであるから、真実を知ることは自己の外に向かって求めることではない。今の衆生の本性そのままがほかでもない真実の如来だ。本性というと難しい言葉であるから、雲のように遥かなことと聞くであろうが、そうではない。今そこにはたらいている自身の一念心と違いはないのだ。

不妄語戒の奥義

不妄語戒の要点を言うならば、偽りを言わないということだけで大いに意味深いものなのだ。それが最も深いことである。真実を語る言葉がそのまま仏の言葉である。その他に仏の言葉はない。この真実の言葉を、仏教では「法」と名づけている。その他に「法」はないのだ。この「法」を勤め励んで持《たも》つ人が菩薩である。その他に菩薩はいないのである。

私たちの身体と口と心の三つの行為（三業）そのものがきわめて奥深いものであるし、あらゆる戒の意味も奥深いものであるが、この不妄語戒の深さをいえば、全ての衆生の言葉は真実が顕われ出たものであるということだ。それに衆生の声だけではない、この世界の一切の音も真実の顕われなのである。

『楞厳経《りょうごんきょう》』の中に、観音菩薩は音声《おんじょう》を聞いて、真実がこの世に満ちていることを悟ったとある。耳に伝わってくる音によって悟りが生じたとある。観音菩薩が聞く音声は松風は松風、水の音は水の音である。我々が聞く音声も松風は松風、水の音は水の音である。その音声に違いはない。この音声に妄想をいだくことがなければ、観世音菩薩ばかりでなく、私たちの耳からも観音菩薩と同じ悟りを得るのである。得る、というどころではない、むしろ人々はみな本来、観世音菩薩なのだ。もとからその悟りの中にあるのである。それはどこにも隠すことができないが、ただ、遠い過去からの妄語の報いに覆われて、今は現われないだけなのだ。例えば、太陽や月は常に明るく輝いているのに、雲や霧が覆って光が一時的に現われないようなものである。現われないといっても、太陽や月の光がなくなっているのではない。少しでも雲や霧が薄くなれば、その光は現われるのだ。

万物具有の徳

全体に通じて言えることであるが、いつでもどこでも、全ての物にはそれぞれの徳が具わっているものである。天には天の徳があり、地には地の徳があり、山には山の徳があり、川には川の徳がある。道具類や草木に至るまで、それぞれにその役割があり徳がある。鳥獣にも、麒麟《きりん》・鳳《ほう》凰《おう》、神亀《じんき》・神龍《じんりゅう》（四霊）等にいたるまで、皆その徳がある。人に生まれながら、鳥獣や道具類にもその徳が及ばないことは嘆かわしいものだ。この徳がどのようなものであるかを知ろうと思うならば、まず言語の罪を犯さないようにすることが肝要である。

『根本説一切有部律《こんぽんせついっさいうぶりつ》』の中に、次のような話がある。昔、婆羅痆斯国《ばらにしこく》の梵授王《ぼんじゅおう》の時、王が乗るメス象が出産で苦しんでいた。王は宮中の女官たちに、「誰か真実の言葉を語り、その徳によってこの象を安産させる者はいないか」と問いかけたが、誰一人として命に応ずる者がいなかった。その時、そばにいた身分の低い牛飼いの婦人が、「私は真実の言葉を話します。私は生まれてからというもの邪念がありません。自分の夫を除いて、他の男性と親しみの感情で心を寄せたことがありません。この言葉が嘘でないならば、この象は安らかに子供を産むでしょう」と言ったが、この言葉を話しおわるやいなや、象は子供を出生した。ただ、尻尾がうまく出なかった。その時この婦人が、「このようなことでも過ちになることなのか」と言ったので、皆はそれがどういう意味なのかを尋ねた。婦人は答えて言った、「幼いころ他人の乳飲み子を抱いたことがあります。その子に親愛の情が生じたのです。このようなことでも他の男性に親しんだことになるのでしょうか」と。再びこの真実を語ると、象の子供が安穏に産まれおわった、と詳しく『有部律《うぶりつ》』雑事《ぞうじ》の第二十九巻に出ているのである。

和歌を詠み、詩を作って、それが天地さえも動かし鬼神（霊魂・神霊）をも感動させるということがある。そのようなことには全てに通じる道理があるのだ。

真言行者の不妄語

また、仏法の中に、真言宗は「三密相応《さんみつそうおう》」ということを説く。三密とは、手に印を結び（身《しん》密《みつ》）、心で観想（意密《いみつ》）し、さらに口では真言陀羅尼《だらに》を唱える（口密《くみつ》）のであるが、これを教義の根本趣旨とするので、これによって真言宗という名称を立てているのである。

十善の果報によって人間に生まれて舌の機能を得る。さらに物をなめると酸味・苦味・甘味・辛味・塩味という五つの味を知る。辛味と塩味を間違えることなく、苦味と甘味を間違えることもない。農業と医療の神である神農《しんのう》（中国上古の伝説中の皇帝。農業を興した）ともなれば、ものの温・熱・寒・冷の本性を知る。料理人の易牙《えきが》（斉国の料理人）であれば、どこの川の水であるかが判別できる。

まして密教の修行では、このような徳のある舌で仏の真言を唱えるのである。同時に、手に結んだ印と観想とが仏の身・口と一体となる。身体のはたらきは心と口のはたらきと一体のように、心のはたらきは口と身体のはたらきと一体のように、口のはたらきは身体と心のはたらきと一体のようにである。この三つのはたらきが融会《ゆうえ》（三密相応）して、仏の真実の境涯がすぐさまに顕われるのである。

これも、妄語や綺語、小唄・浄瑠璃などに従っている人が仏の真言を唱えても効験があろうはずがない。真言宗の中には特に日常の言語表現を慎む人を得たいものである。

念仏と不妄語

また、浄土宗はひたすら阿弥陀如来の名号を称《とな》えることを宗旨としている。観想と教義理解の一致などは強いて論じもせず、学問の必要性をも論じない。口で名号を称えることが阿弥陀如来の本願にかなうのである。それが衆生を済度する阿弥陀如来に従うことであり、真実と一つになることである。これも、妄語や綺語、小唄や浄瑠璃などに従う人が、念仏を称える徳によって浄土に生まれ変わる道理はない。浄土教の宗旨は、現世の穢れた娑婆世界を離れて弥陀の浄土に往生するということであるから、特に穢れた言葉を言わない人を得たいものである。

名称と徳

仏法における仏や菩薩の名称は、全てその徳を表わしたものである。真実の世界から衆生に応じて現われ出て幸福をもたらす縁となる。仏の名称によって庶民は自分が至らぬことに恥を知り、凡夫もつとめて善行を行なう。よくよく道理を考えてみよ。仏の本性と一体である真言陀羅尼に徳があるに違いなく、完全な徳を具えている仏の名や、究極の教えを説く『法華経』という経題には徳があるはずで、したがって称える声や語句にも徳が備わっているはずである。

現在のこの世間も、本来は釈尊の悟りの中で安らかに存在している。現在のこの音声も仏の真実の中にある。この娑婆世界が仏界そのものであることは、初心の者には信じがたいであろう。見よ、『法華経』の中には、「常在霊鷲山《じょうざいりょうじゅせん》・我此土安穏《がしどあんのん》」（われは常に霊鷲山にいて説法を続けている。我が国土は安穏である）とある。ただ過去の悪行による障碍が非常に深い者が、もともと対立のない寂静の世界を、変化し生滅する現象と見るのである。それが『法華経』に説かれる「三《さん》界無安・猶如火宅《がいむあんゆうにょかたく》」（迷いの世界に住んでいるのは安楽ではない。それはあたかも火に焼かれる家の中にいるようだ）である。妄想によって正しく真実を見ることができない者が、毘盧遮那仏《びるしゃなぶつ》の浄土を暗闇の迷いの世界と見る。それで世界は全て暗闇となっているのだ。

言語・音声の徳

言語や音声が妙なる仏の世界の音であることは、初心の者には信じがたいであろう。この言語の徳は生命がある者の音声ばかりではなく、生き物ではない楽器の音色も正しければ徳がある。正しくなければ害がある。経典やその他の書物の中に、その事実は多く記されている。

大妄語と小妄語

この不妄語戒には、大妄語と小妄語がある。人が行なうべき道に関する嘘を大妄語という。見たことを見ていないと言ったり、見ていないことを見たと言うように、反対のことを言うことを小妄語と名づけている。

世の愚かな者が、名誉や利益のために仏の名号を称え、真言を誦《とな》えて、仏が見えると言ったり、神のお告げがあるなどと言うなど、少しでも道に対する虚偽に及ぶことは大妄語になる。また、著書で、仏の説ではないことを仏説であるかのように書いたり、夢や神仏との交流で感得したなどと言って種々の嘘をこしらえ、世間を惑わし人民を偽るなどは全て大妄語である。

身体による妄語

元来、身体と口と心のはたらき（三業）は一つのものである。別のようで別ではない。身体で心の動きを行為することもあるし、言葉で言うこともある。言葉で心の動きを表現することもあるし、身体で行なうこともある。心の中に身体の動きを行なうこともあれば、言葉を発することもある。そこで、経典や律の典籍の中に、言語で犯す罪の妄語、身体や心で犯す妄語ということが説かれているのである。

この中で、言語の妄語は知っての通りである。身体での妄語というのは、人を騙《だま》すために身分の低い人が身分の高いふりをしたり、徳がないのに徳があるような格好をしたり、才能もないのにあるような態度をとったりすることなどで、これら一切が身体での妄語の類である。

心による妄語

心の妄語というのは、誰にも知られずに自分の心の内に、一度こうしようと思い定めたことを簡単に変えるようなことである。仏や菩薩に誓ったことや神に誓ったことを簡単に改めるようなことだ。心の中のことであるから、多くの人が重要ではないと思うであろうが、人として行なうべきことを成し遂げるための基本となるのは、人が知ることがない心の内にこそあるのである。一度心に決心したことは、二度と心を翻《ひるがえ》さない者が世間の英雄豪傑というものである。出家の僧ならば、そのような心の持ち主が仏や菩薩の境地に至る器なのである。

そうとはいえ、もし心に定めていたことが悪事であっても、後に改めるなというのではない。たとえ神に誓ったことでも、過《あやま》ちを知って改めるのは妄語にはならぬ。このようなことは心の中のことであるから、はっきりと具体的には挙げられないが、謀反《むほん》を起こす人や友人を裏切るような、人の筋道に反する類は、全て天地自然の道理と人道に背くものと知るべきである。

三業の不妄語

正しくこの戒を守る人は、思ったことを正直に言い、言ったことは必ず実行すべきである。このように行動と言葉が一致し、さらに心の内も同じであること、これを身業・口業・意業の三業の不妄語という。

例を挙げるならば、『史記』に次のような話がある。呉の国の季札《きさつ》が北方の国に使者として旅する途中に徐《じょ》の国を通った。その時、徐の王は季札が腰に下げている剣の見事な装飾を見て、その顔色に剣が欲しいという気持ちが出た。季札はこれを察して剣を差し上げる気になったが、使者としての任務の途中なので、その意思を伝えることなく去った。その後、帰国途中に徐の国を通った時、徐の王はすでに亡くなっていた。季札は王の墓所に行って木の枝に剣を掛けて去った、とある。これを心の不妄語を全うするというのである。

妄語の異熟果・等流果・増上果

『華厳経』の中に、この戒を犯した罪について説いている。妄語を犯した者の最も重い罪は地獄に堕ちる。次は畜生、次は餓鬼の世界に生まれる。これは異熟果である。たまたま人間に生まれても、二種類の果報を得る。一つは人に欺かれ、二つ目は他人からののしられるとある。これを等流果という。他の経に、生きている環境まで前世の業果が及んで、多くの場合、農作や事業が両立して成功することはないとある。これを増上果という。

言語と法性

愚かな者は、火と言っても口に火傷《やけど》をするわけでもないし、食べると言っても飢えたお腹が満たされるわけではないので、言葉はそれほど重要なものでないと考えている。それは誤りも甚《はなは》だしい。

肉眼でこそ見えないが、言語によって天命が定まり、この身体に吉凶として現われるのである。業がここに成立して永遠に迷いの世界に漂うことになる。この縁起の本性を悟る者は、一度発した言葉に、地獄・餓鬼・畜生が出現することを理解するのである。

真実語と悟り

智恵のある者は言葉数が少なく、さらに妄語がない。もし饒舌《じょうぜつ》であるならば、すぐれた徳に疵《きず》をつけることになる。嘘があれば身を亡ぼし家が崩壊する。また、愚かな者の多くは妄語をする。そのことが因縁になって他人からだまされるという。たとえ愚かで智恵がない者でも、真実の言葉を語る者は智者の徳の一分があるのだ。

世間を見ると面白いもので、真実の秩序は道理の通りに現われていて誤りがない。昔の人が発病した時に鍼灸や薬を用いず、ただ呪術によって病気が平癒したということも、そこには理があるに違いない。道を語る者の中で、仏教以外の者は嘘が多いとある。仏とその弟子には妄語がないとある。妄語がない人が本当の仏道の悟りを得る。正しい仏道を行なう人の言葉は全て真実に達する教えとなる。この言葉の中には真実が満ちているので、これを聞いて悟りを得るということである。釈尊は限りない過去からこのような徳が欠けることなく具わっているので、その仏の戒めに全ての人が背かないとある。

三業の真実の力

身体の行動が正しければ、この世界の全てがその行動に従うとある。釈尊が六年間の苦行を成《じょう》満《まん》して菩提樹の下に行かれる時に、空中では吉祥鳥が高く飛び、白鹿が先頭に立って導き、風神が塵を払い、雨神が微雨をそそぎ、草木まで平伏したとある。

心のはたらきが正しければ、この世間の全てがその心に従うとある。律の聖典の中にも、戒を守って清浄な人は、心に思うことがみな叶うとある。

言語が正しければ、この世間の全てがその言葉に従うとある。これを諸仏の真実語と名づける。たとえ今のように末法の時代であっても、これまで妄語したことがない人が出家して仏法の中に入れば、師がなくても悟りに至る人となる。このようなことは面白いことだ。実に仏の戒を守る人には自覚できることだ。

【解説】

妄語とは、
「万事を偽《いつわ》らぬことじゃ。見たこと聞いたこと、皆ありのままで事がすむじゃ。知れた通り持《たも》ち易きじゃ。それじゃが、このありのままが実にその徳あるじゃ」（【不妄語戒序説】）
「万事を偽らぬこと」で「ありのまま」であればそれで済む、ということですが、「ありのまま」、または「あるがまま」というのは、近頃では理想のライフスタイルとして好んで使われる言葉です。しかし、「ありのまま」ということは自分の欲求のままに行動することや、努力もなしに自由気ままに過ごすことではありません。本来の自分の「ありのまま」とはどのようなあり方なのか、それは不偸盗戒での分限と同様で、本来の自分を自覚することは難しいものです。
「人間の当たりまえさえ能《よ》くすると成仏する」（『双垂』）
この「人間の当たりまえ」が、つまり「ありのまま」なのですから、本書によって「人の人たる道」（巻第一【十善と人道】）を学ぶことで「ありのまま」の道を探りたいものです。明恵上人《みょうえ》は「あるべきようは」と語られました。これは自己への問いかけと同時に自律を含んだ言葉でしょう。ただ気ままに流れていくことではありません。修養の上にこそ「あるがまま」の境地が開けることを、私たち凡夫は忘れてはならないでしょう。これを自然界の道理や仏菩薩の境涯でいうならば、

「天地の天地たる所、大人《たいじん》の大人たる所は、生きとし生ける者に悉《ことごと》くその所を得せしむるにある。万物を各々生育して止まぬ処にある」（巻一【天道と人道】）

とあるように、「その所を得」て道に順じていくことが人のあるべきすがたなのです。かえって動物の方が誰から教えられることもなく、自分の「所を得て」活動しています。「その所」とは、本来の自己の居場所です。「その所」を教え導くことが仏道です。人間は十善の徳を生来具足しているにもかかわらず、教育によらなければ人の道を歩けません。

第一不殺生戒で見てきたように、人として生まれ、人としての生きる道を学ぶところに仏道があり、そして「人となり得て」言葉を発する時、それは真実語《しんじつご》となります。

「真実語が直《ただ》ちに仏語《ぶつご》じゃ。外《ほか》に仏語はない。この真実語を法と名づくる。外に法はない。この法を精勤《しょうごん》に護持《ごじ》する人が菩薩じゃ。外に菩薩はない」（【不妄語戒の奥義】）

ありのままの真実語は仏の言葉と同じです。菩薩の境地にある人によって用いられる言葉です。

「真実語というは、生まれままの語《ことば》ということじゃ」（『双垂』）

とあるのは、菩薩だけに限らず、私たちの言葉が本性の「ありのまま」でさえあれば、それは真実語として発せられるのです。要するに、真実語そのものも、それを語る人も真実の顕われです。そしてその時が、人間の最も人間らしいすがたなのです。

「真実語というものは法性《ほっしょう》の顕わるるすがたで、この世間を利益《りやく》するじゃ。広大なることじゃ」（【不妄語戒序説】）

とあります。この時に最も本来の人間らしいはたらき、人間や物を活かしていく力を内在している人間の尊さが現われてくるのです。それは人間が具足している仏性のはたらきですから仏菩薩と同じ位にあります。したがって、この真実語に利益《りやく》があることは当然のことで、反対に、人を指導する立場にある人や、新聞・書物の著者が妄語すれば大きな害を及ぼします。

また妄語には、【身体による妄語】や【心による妄語】、【三業の妄語】のような言葉による妄語の外にも、二重三重と罪が重なる場合があることも心得ておくべきです。

さて、『論語』に、「天何をか言わんや、四時《しじ》行なわれ百物《ひゃくぶつ》生ず（天は私たちに何か言っているだろうか。言わなくても四季はめぐり、さまざまな物が生まれている）」とあります。

これが根底となっている尊者の法語は、さらに踏み込んで、

「三界の当相《とうそう》、とりも直さず法性《ほっしょう》のすがたじゃ。山にありては高く、海にありては深きじゃ。竹にありては直く、棘《いばら》にありては曲がる。天にありては覆《おお》い、地にありては載《の》する。衆生にありては種々差別《しゃべつ》し、虚空にありては豁然《かつねん》たるじゃ。言うにも及ばぬ、もし言えば必ず真実語じゃ」（巻一【不妄語戒の平等性】）

「もし言えば」というのは、山は山とは自分で言わないし、海は海と自ら言わなくても（認識していなくても）、真実のすがたをそこに現わしているということです。「言うにも及ばぬ」とは、真実とは本来、言語を超えていて、言語を媒介としなくても、真実は露堂々《ろどうどう》と現前しているということです。私たちの日常の言語は伝達道具でしかなく、真実とはそれほど深い関係に

はありません。鳥や獣は言語で通じ合わなくても、群れをつくって自分たちの本来の動きを全うしています。また逆に、私たちが圧倒的な感動を覚えた時、または、悲痛な思いをしている時に、それを言葉にした瞬間にその深い感情が失せてしまわないでしょうか。言葉の難しさは、使い方よりも言語そのものの持つ特性にあるようです。このことは、巻第七不両舌戒に、

「言わぬ処に言語《ごんご》の徳は全く、思わぬ処に心念の徳は具わる。山が自ら山と云わぬ、山と思わぬ。山の徳はここに全い。……古往今来かくの如くじゃ。この徳頑空無記《がんくうむき》でない。感あれば必ず通ずる」（巻第七【言説・心念の超過】）

口に出さないところに言語の徳がある、言わないからこそ真実がある、思わないからこそ真実が現われてくる。つまり、思惟すれば真実でなくなります。言葉を発すると真実でなくなります（本書一六二～一六三頁参照）。ですから、あえて言葉を発するとすれば「必ず真実語」でなくてはならないし、逆にそれが真実語であるためには、自分が真実と一つであらねばならないのです。前掲の『論語』における孔子の言葉に尊者は次のように評しておられます。

「これはよき語じゃ。この上を云わば、天なにをか知るや、と言いたきものじゃ」（『双垂』）

言わざるところに言語の徳があるように、知らない（知覚しない）ところに心の徳がある。知ろうとした瞬間に真実から外れ、天地と分離されるのです。天地は物を生育させようと思わないで「万物を生育して止まぬ」のです。

「知らざる処に道存して、滞《とどこお》らず塞《ふさ》がらず」（『人道略』）

そのように敢えて認識しないところに道がある、と尊者は常に教示されます。それは、生育

させるものを対象として意識していない（無為）ということです。

「天地を以てわが心とせば、到るところ安楽なり。日月を以て我が光明とせば、二六時中くらきことなし。何をか天地をわが心とすと云う。事にふれて私なく、二六時中障《さわ》りなければ、元来そのところ清浄身《しょうじょうしん》なり」（『短法』）

とは、天地と相応（一体）して自分の心も無私でありたいということです。無私であるところが天地から生まれたこの身のままで真実そのものなのです。それで清浄心ではなく清浄身とあります。

特別なことでいうならば、密教では言語を絶した世界から「法身説法」として、真実語が現《げん》成《じょう》します。また、修行者の身体と口と心のはたらき（三業）が仏の清浄な身・口・意（三密）と一体となることが密教の三密相応の修行です。その時に最も深い意味での真実語をリアルに体験することになります。そこで初めて真言として成就するのです。そのような三昧の見地から音声を実感するならば、

「一切衆生の語言《ごごん》は法性の顕われたすがたじゃ。一切非衆生の音韻も法性の顕われたすがたじゃ」（【不妄語戒の奥義】）

「一切非衆生の音韻」とは、例えば水の音、鳥の声、風の音……これら自然界に生じている音の全てが真実語ということです。それらが真実の音として響いているのです。

弘法大師に、

「五大《ごだい》に皆響きあり。十界に言語《ごんご》を具す。六塵《ろくじん》悉く文字なり。法身はこれ実相なり」（地・水・火・風・空という五つの万物の要素には響きがある。地獄から仏界までの十界には言語がある。認識の対象は全て文字である。その世界を語る仏は実相である）（『声字実相義《しょうじじっそうぎ》』）

とあるのもこのことです。これが尊者によって簡潔に説かれると、

「真実語というは、天地に備わった言《ことば》じゃ」（『双垂』）

となりましょう。このような領域にある言語や文字は実相として現われたものですから、私たちの日常会話の言語の域を超えます。超えてはいますが、私たちが聞く音と同じ音なのです。仏の神通力によってしか聞こえないような音ではありません。しかしながら、そこでもう一段用心すべきこととして、

「実の無上菩提《このうえないさとり》は、春花の咲くところにあるじゃ。人の起きて歩行するところにあるじゃ。魚の淵《ふち》に躍《おど》り鳥の虚空に飛行するところにあるじゃ。然れども、鳥の鳴く声、風の吹く音を仏法と思わば、妄想の上ぬりした輩《やから》じゃ」（『金般若』）

桜が咲いていること、そのことが悟りであるけれども、迷いの世界にいる私たちには花見の桜にしか見えていません。仏典や法語類に、この世界は仏の世界である、迷悟は一如である、と再三説かれていても、仏が見る桜と凡夫が見る花見の桜とは同じではありません。尊者は、

「下から見ると上から見るとは違いあるじゃ」（『金般若』）

と説かれています。本来真実には、上（悟）も下（迷）もないのですが、修行によって肝要なことが得心されている人とそれに至っていない人との差があるのは当然のことです。その壁を突き

破るには、私たちのこれまでの概念を一度捨て去ることが必要です。そのために尊者は老婆心をもって、

「この文字有相《うそう》の経は糟粕《そうはく》じゃ」（『金般若』）

「仏というすがたの現われたのは、ほとけの糟《かす》じゃ。打殺《うちころ》して実《じつ》の仏を見ねばならぬ」（『金般若』）

和歌に、

だまれただ法も非法もうちすてて
　物いふことのいらぬ世界に

などと喝破《かっぱ》されるのです。これは禅的な表現方法ですが、先の密教の三密相応と帰着点は同じです。

「文字有相の経」とありますが、これについては、

「およそ法を説くはただ相対の儀《よそおい》じゃ。看よ、生死《しょうじ》に対して涅槃を説き、凡夫に対して聖者を説き、煩悩無明《ぼんのうむみょう》に対して菩提を説く類じゃ」（巻第七【平等の本性】）

たとえ経典の語句、釈尊の説法であっても、言語として表わされた瞬間に、私たちはその示された内容を認識の対象として捉えます。そのような言語や思慮のからくりを理解することなく、言語が意味する内容を客観的に捉えるならば、どこまでも真実とはかけ離れたものなのです。それを明確に打ち出したのが巻第十二【仏の了々常知の処】にあげられている南嶽懐譲《なんがくえじょう》禅師の

「説《せつ》似《じ》一物《いちもつ》即《そく》不《ふ》中《ちゅう》」（これだ、と一つに限定して表現した瞬間に真実から外れてしまう）です。

真実（法性）が言葉を超えていることを明かす尊者の法語をさらに拾ってみましょう。

「仏性は言説心念《ごんせつしんねん》を離れて、しかも常に縁起する」（巻第七【仏性縁起】）

「一切衆生の業煩悩《ごうぼんのう》及山河大地に至る迄、悉く言説心念を離れて甚深《じんじん》微妙《みみょう》ならぬはない」（『法語集』諸法皆妙）

「無相なる時は、説くべき法はないじゃ。言説心念を離れたれば無為法《むいほう》じゃ」（『金般若』）

「一切の心法は、元来、有無の二辺を離れ、本来、言説心念を離れたものじゃ。一切の色法は、元来、有無の二辺を離れ、本来、言説心念を離れたものじゃ。山河大地一切の境界は、有無の二辺を離れ、本来、言説心念を離れたものじゃ」（『法語集』五戒大意）

「一切法は言説心念を離れて自性解脱したものじゃ。眼耳鼻舌身意の及ぶ所でない。見聞覚知《けんもんかくち》の及ぶ所でないじゃ」（『金般若』）

「仏に対すれば三世諸仏が言説心念を離れて自己の心相となる。衆生に対すれば一切衆生が言説心念を離れて自己の法門となる。乃至山河大地草木叢林に対すれば各々言説心念を離れて大涅槃となり実相となる。これを般若と云う」（『法語集』応無所住而生其心開示）

真実は「言説心念」を離れたもの、つまり言葉や文字、思慮を離れた（超えた）ものなのですが、離れているところで真実の音がしています。

鈴の音や己がしらべをそのままに
そよ吹く風にさそはれてゆく

超えていても無音ではありません。その音を「言説心念を離れて自性解脱したもの」と語られています。この一言は尊者最晩年に至るまで常に語っておられた重要な表現です。

尊者に、「自性離言説《じしょうはごんせつをはなる》という心を」と題する和歌があります。

このごろは峰の木がらし吹き絶えて
梢《こずえ》にのこる言《こと》の葉もなし

尊者晩年の和歌でしょう。「峰の木枯らし吹き絶えて」というのは、右往左往する迷いの心が静まった境地のことで、その心境は言葉を絶しているということです。山の峰を眺めても、緑は緑のままに言葉にならぬ世界が展開し、鳥の啼く声も谷間のせせらぎも真如（真実）の音でしかありません。すでに耳にしている音も「見聞覚知」（感覚器官のはたらき）の世界ではないのです（法が見聞覚知を離れていることについては、不貪欲戒の解説を参照）。この歌は尊者晩年の枯れた渇筆の書を想起させます。

言語を絶した真実と、日常の伝達道具として用いている言語は本来別々のものではありません。これが一如となったところが真実語であり、私たちの仏性のはたらきでもあるのです。

草も木もをのがすがたのありふりて
ものいふことのいらぬ世の中　（『慈雲尊者御詠草』他）

巻第五　不綺語戒《ふきごかい》

安永三年（一七七四）甲午《きのえうま》正月二十三日、大衆へ示す。

不綺語戒序説

師は説かれた。

第五を不綺語戒という。綺とは模様が織られている絹のことである。古い字書には、「綺は紋《き》と同じ。模様が正しくなく、乱れていること」とある。それで飾りのある言葉や正しくない言葉を綺語という。この不綺語戒は模様がある絹織物に譬えて名称を付けたものである。模様がある言葉は素朴な素直さを失い、心の散乱を招く基である。

十善戒の中の口業《くごう》の四戒（不綺語戒・不悪口戒・不両舌戒・不妄語戒）の中で、不綺語戒を除く三つの戒は、その罪が分かりやすいので、それが悪業であることを知らぬ者はない。しかし、この不綺語戒は人を喜ばせたり笑わせたりする言葉でもあるので、その悪の面が隠れるのである。

それでこの綺語が悪であることを知らない者が多い。ますます細心の注意をはらって守るべき戒である。

中国で言うところの滑稽《こっけい》（饒舌《じょうぜつ》）・隠語などの類、我が国では軽口（洒落《しゃれ》）・誹諧《はいかい》（たわむれ）・狂言（ざれごと）など、時や所にふさわしくない言葉は皆この綺語に入る。この中で、恋愛の歌の類、また、それを文章に表わしたり話したりすることを普通の人は軽々しく見過ごすが、真実の道を目指す人は恐れるものである。

身綺《しんき》

綺語の本体は言語のはたらき（口業）であり、綺語・悪口・両舌・妄語の中の一つであるが、前にも述べたように、身・口・意の三種のはたらき（三業）は本来一体であるから、身体の行為によっても不綺語戒を犯すことがある。これを律の文言の中に身口綺戒《しんくきかい》（身綺）と名づけてある。言葉の綺はこれまでに略説した通りであるが、身体での綺とは、例えば、地位の低い者が高い人の衣服を着て、地位の高い人の真似をすることなどである。

軽く考える者は、身体による妄語の罪と、身体による綺語の罪を混同しやすいので、その違いを知るべきだ。人をだまそうとして礼儀に背くのが妄語を犯すことであり、戯れと心の驕《おご》りによって礼儀に背く類が、この不綺語戒を犯すことである。

男子が女人の衣服を着て、女人の威儀をまねする。女人が男子の衣服を着て、男子の威儀をまねする類、みな身綺という。

正法の律

正確に言うならば、たった一つでも、これまで仏が制定されていない作法を新しく制定してはいけない。律の文言に、制定されていないことを制定し、制定されていることに違反するのは仏法が消滅するすがたであると説いてある。世間がすでに行なっていることや、全ての人の習慣になっていることは、それに従うのもよいであろう。自分一人だけが戒律を守って清らかである、という態度はよくない。

不綺語戒を正しく守る者は、出家は出家のあり方の通りを全うして、全て規制と一致し、在家は在家のあり方の通りを全うして、心は仏法に従うべきである。在家の中でも身分の高い人は高い人なりのあり方を全うして、しかも仏法に従い、低い人も低いなりのあり方を全うして、しかも仏法に従うべきである。男性は男性のあり方、女性は女性のあり方を全うして志を立てるべきである。

不綺語によるこの世の楽しみ

綺語による戯れは憂いと苦悩を招く。言動がひかえめで、情深く誠実であるならば、大いに喜びや楽しみがあるものである。

心が軽薄でなく誠の気持ちがあれば、天地四方、風・雲・太陽・月など、自然界の全てが自己の楽しみのあるところである。動物も草木も、古今の人物でさえ、全て自己の楽しみのあるところである。一切の書物、歴史上の平和と闘争の事跡も、みな自己の学びとして楽しみのあるところなのである。

自然を見る楽しみ

雲を見て楽しむ者が、四季の七十二候《しちじゅうにこう》（一年の時候の変化を分けたもの）の変化を知るという。あるいは雲の形や色、湧き出たり消えたりする様子を見て、世の中の吉凶を占い知る者もある。世を避けて隠棲している者が、雲を見て詩歌を作ることに興じることもある。面白いことである。

これらを仏法の深い境地からいえば、雲の現象に事寄せて、身体や心がどこから来てどこへ去っていくのかを覚るまでに至る。それらが起こってくる由縁を明らかに悟って自然に涅槃の境地に入る。あるいは風を楽しみとし、雨を楽しみとし、雪を楽しみとするなど、皆それぞれに趣があることであろう。

山中に独居する者に、雷の響きを聞いて楽しむ者もある。気象と一体となれば、これも面白いということである。経典の中では、稲妻のように一瞬で真理を見渡してしまうことを電光三昧というのである。菩薩の深い思惟が、雷の響きに出逢うことによって誘発され、真実を自覚することがあるという。このような事実を知れば、綺語などで日々を過ごしている暇などはないぞ。

四季を楽しむ者は、春の時節に日ざしを楽しむ。百花が開き、多くの鳥が悲しげに鳴く。暑い夏には、樹が茂り虫が走り回る。秋の清らかな空、冬の霜や雪景色、みな楽しみがあるという。このような楽しみを知らない俗的な心で、故意に四季の趣を表現するのは子供のいたずらと同じだという。このようなことはみな趣があるものである。

漢、魏、六朝の者は四季折々に詩を作って風流を楽しむが、その中には俗世を超越したところがある。鴨長明や吉田兼好などは、俗世間を離れた人の深い思索として聞くべき趣があり、その中には道を語っているところがある。

以上のようなところに道が存在するのである。そこが仏道の修行者が法を楽しみとするところであり、また、細かく思惟をめぐらす者にとっては、本来の自己を悟るところなのである。

真実の楽しみ

その他、山水や草木を愛するというのも、全てその楽しみはその人次第である。真実の楽しみをいうならば音楽も末のことである。まして綺語や戯れの中にいるべきではない。『楽記《がくき》』にも、「音楽とは、人によって異なることがない共通の自然な感情に基づくもの」とある。「楽器を用いて歌ったり、踊ったりすることは楽しみの末節」ともある。

君主には君主の楽しみがあり、大臣には大臣の楽しみがあり、士農工商には士農工商の楽しみがあり、学識・人格のすぐれた人はすぐれた人の楽しみを楽しむのがよく、庶民は庶民にふさわしい楽しみを楽しむのがよい。

真の楽しみは全て天が与えるものであり、天地のように尽きることがない。ここで仮に身近な言葉で、天と呼んでいるけれども、実は、天とは真実が顕われ出た場所であって、その楽しみはこの身心と共に尽きることがない。この人間界には、身分の違い、貧富の差、知者と愚者、徳のあるなし、心の浅い深い、などの違いがあるけれども、その心の楽しみとするところは一つである。天が与えるところは一つである。

それはなぜか。真実の道には浅・深の区別はなく平等だからである。真実は高・低という分別から離れたものだからである。

農業の重要性

賢明な君主は農業に従事する人を大切にするもので、これが国の基本である。古来から農民の栄衰が国の平和と混乱に関係している。農民が生活に困れば田野が開けず、田野が開けなければ人はみな物事の根本を捨てて枝葉を逐うことになる。人が枝葉を逐うと利益を得ようとして欲が深くなる。欲が深くなれば正しい道を失う。これが国の乱れのきっかけである。

中国の古代では神農《しんのう》が農耕を教え、后稷《こうしょく》という人が季節ごとのあらゆる穀物を植えたことが農業の始まりである。農業とは、天地が自然に植物を育てることに従うことであり、その行ないは天地を助けて万物を生育すると言ってもよいくらいである。

天地の理と農耕

天地はきわめて公平なものである。四季も昼夜も公平、万物は全て公平である。ところが人には我欲があって、天地に背き、万物を害し、みずからの福を減らす。現在の五穀も十七種の穀物も、本来人間に福分があるからこそ、その種は腐らないで存続しているのだ。

春に田を耕し、夏には草を刈り、労力を使った後は成就を天に任す。この作業そのものが天の道を楽しむことだといえよう。時が来れば種を蒔き、時が来れば成熟した実を得る。このように常に時期を誤ることなく巡ってくるのは時の公平性によるのである。孔子も季節はずれのものは食べない、と言っている。その土地に相応しい作物を察して植えることは、土地の公平性に従うものである。古に、淮南《わいなん》の橘《たちばな》を淮北に移植すれば枳《からたち》に変化するとある。面白いことだ。

農民の食事は自分の労働を食べるのである。着る物は自分の労力を着るのである。腹が減っては食べ、労働しては休息する。自然のままに耕して実りを得る。村々が力を合わせる。その人々の交わりは、学問や徳があるすぐれた人にもまさる。礼儀作法をうるさく言わなくても子供は大人を敬い、大人は子供を可愛がる。その親しみは地位のある人にもまさる。夫は田畑を耕し妻は弁当を作り、恨みや嫉妬が少ない生活である。このようなことは天が憎まないことであり、物事の公平さをあらわすものである。

農業の楽しみ

太陽が昇れば耕し、日が沈むと家に帰る、そこに楽しみがある。年貢を怠らないところに楽しみがあり、その余分で父母に仕え、妻子を養うところに楽しみがある。これが天が与えた真実の楽しみというべきである。この楽しみは、音楽の楽しみが及ぶところではない。まして、ざれごとや綺語の楽しみが及ぶところではない。

職人の楽しみ

職人の道も面白いものである。手足は作業し、心は思慮することが自然なのであるから、何もしないでなまけることはかえって道に背く。道に背けば苦悩が生じる。上は君主から下は庶民にいたるまで、各々に応じた仕事があることは、例えば天地から生じた物は一草一木にいたるまで、全て各々に具わったはたらきがあるようなものだ。

縁があって生まれた家の家業を継ぐのは、先祖から受け継がれてきた職業に心を用い体を使うことになるが、まさにその中に楽しみがあり、真実の道もその中にこそ顕《あら》われるのである。

全ての職人は職人で、心を用いることに専心していれば、言葉では表現できない味わいを得るのである。そのような妙処を得たならば、天を楽しみ道を楽しむところがある。たとえそこまでには至らなくても、世の中に重宝され人々の役に立つ人間になれば、身を養うには十分である。両親に孝行を尽くすことにも余裕ができ、妻子を養い、兄弟や親族を助けるにも十分である。ここに天から与えられた楽しみがある。この楽しみは音楽にさえ比べようがない。まして、ざれごとや綺語の楽しみが及ぶところではない。

商人の楽しみ

商人の中にも道の楽しみがある。天地は万物を生むが、山と海とでは産物は異なり、その土地の風土によっても産出量が違ってくる。職人が道具類を造るにも、土地柄や仕事によってさまざまな違いがある。互いに交易しなければ使い道が絶たれてしまう。『易』に、「神農《しんのう》は昼に市場を開いて天下の民を集め、天下の財貨を集めて交易させて退散した」とある。これによって知れ、交易も聖人・賢者の道であることを。

大地の気が上昇して雲や霧になる。雨や露が降って草木が生育する。人の身体では目と足は互いに助け合い、右と左も互いに助け合う。同書に、「太陽と月が交替して明るくなる」といい、「寒と暑が交替して一年となる」とある。物事は全てこのような状態である。交易してお互いに有るものと無いものを交換・売買することは天地自然の道と一致している。

医者の楽しみ

天から与えられた医者としての自分の天命を察し、折々の病を判断して人々の病苦を助ける、そこに楽しみがあるのである。その楽しみが音楽と同じように感じるならば、それはまだ本当の医者ではないのだ。韓愈《かんゆ》が「君子は巫女《みこ》と医者と音楽家と職人は、自分と同列にはあつかわない」と言ったが、インドでは医者を重んじて、学問がある上流階級の人たちと同列に置くのだ。

また、菩薩が学ぶべき分野には医学が記されている。仏教以外の書物でも、神農があらゆる草を嘗《な》め、初めて民に医薬を教えたとある。実に医学は聖者・賢人、徳のある人の道と合致している。

医者の心得

釈尊在世の時代、耆婆《ぎば》という医者が仏弟子として生涯戒を持《たも》ちながら、真心で診療したという話がある。この話を聞いたならば、医者としては自然を巡って楽しんだり、茶道や香道や囲碁、音楽などの遊びは行なうべきではなく、ましてざれごとや綺語を楽しむ道理があるはずもない。病と薬のことで寝食を忘れ、老いがやってくるのさえ知らずというほどでありたいものだ。

技芸者の楽しみ

阿含経典《あごんきょうてん》の中の『牧牛経《ぼくごきょう》』によれば、牛を放牧することによって清らかな悟りを得るとある。また、数学は儒教の教養とされる六芸《りくげい》（礼節・音楽・弓術・馬術・文字・数学）の一つであるが、これも妙処に到れば思慮が及ぶところではない。

書家が書法を論じる中で、心が正しければ筆法も自ずから正しいというが、これも道理である。その他、礼節・馬術・暦術・天文学・地理学、また、人相を見る人、雲を見て吉凶を知る人など、これらはみな菩薩が学問を通じて世間を利益しているのだ。このような中にも道があり、道があれば楽しみがある。

全てにおいて志を一つに注ぐところに神の助けが得られ、その助力によって奥深いところに到る。そうすればその徳が次第に具わる。下っては茶道や香道の遊びに至るまで、全てに道が宿っているのである。そこに至ったならば、たとえ小さな道といえども真実を悟ることがあるものだ。

孝養の楽しみ

子供にとっては父母の存在が天命のあるところである。親への孝養は福徳と智恵が成就するところである。朝晩、父母の安否を心配するところに誠の楽しみがある。父母の顔色を見、父母の声を聴く、その一つ一つが福徳と智恵が増すところである。

律の中に、波斯匿王《はしのくおう》が、先王である父の命令は梵天・帝釈天の命令であると言ったとある。また、『父母恩重経《ぶもおんじゅうきょう》』に、「もしその人が父母に孝養を尽くすならば、梵天・帝釈天が常にその家におられる」とある。

孝行しても貧困と苦労の生活で一生を終わることもある。愚かな者はこれを見て、孝行しても徳がないと思うであろうがそうではない。真実の目からみれば、孝行すれば誰にでもその徳は必ずある。ただ、徳が現われるには遅速があって、ある者は現世でその果報を得る（順現受業）が、ある者は来世でその果報を得る（順次受業・順後受業）のだ。

孝養の道

なぜ孝養の道が大切であるかといえば、孝養を尽くせる父母が現に存在しているということ自体が、自分の本来具わった善根を現わしているからだ。もし過去からの行為の報いによって障りが深い者であれば、父母という言葉さえも聞くことができないのである。『梵網経』に、「戒を犯す者は現世において悟りを求める心を起こすことができない。また、長い時間にわたって父母・三宝という言葉さえ耳にすることはない」とある。他の経典には、父母・師僧を夢に見るのは福分があるからだとある。

魚が水中で泳ぎ回り、鳥が空中を自由に飛んでいるように、親孝行の子や祖父母に尽くす孫が、父母や祖父母の膝元にいるのは福分のおかげである。

世間には孝養を尽くさない子がいる。また、功名心や利益ばかり考える者、賭け事や飲酒にふける者、これらはみな過去世からの深い悪業によると知るべきだ。

音楽の有用性と楽しみ

これまでに、仮に音楽と真実の楽しみとを対比させて、音楽の演奏が及ぶ所ではないと説いたが、元来、道は大小・高下を超えているものであるから、楽器を棄てよというのではない。この楽器も古の賢人・聖者の道を含む道具である。

密教では、嬉《き》・鬘《まん》・歌《か》・舞《ぶ》という四供養菩薩がいる。全て盧遮那仏《るしゃなぶつ》（大日如来）の智慧が現われ出たものという。このような事象から考えてみれば、聖者や賢者を除く一般の者は気質に偏り《かたよ》があり、その偏りをなくすのには音楽が最も適している。

形ある物には音声があり、音声があれば心が動く。音の響きを感じる心と音声は極めて密接なものである。孔子も舜王をたたえた韶《しょう》という音楽を聴いて、その素晴らしさに感動して三ヶ月も肉の味が分からなかったとある。

仏教にも伝わっている話がある。馬鳴菩薩《めみょうぼさつ》が和羅伎《わらぎ》という曲を作ったが、この詩は無常《むじょう》・空《くう》を詠っていたので、世間の人はこの声の響きに感応して、人生の苦と、空・無我の道理を理解し、悟りの因縁になったとある。このようなことから考えると、舞楽や声の響きによって、聖者・賢者の境地にも至ることがあろう。音楽の演奏家であれば、音声によって道に入るであろう。

道の究極に至らなくても、心を純一に向けるならば、天から与えられた真実の楽しみを得る。ざれごとや綺語とは違うものだ。

詩歌の楽しみ

詩や文章を作ること、また、我が国における和歌の道は、そこに精神を映し出し、教育の補助となり、自然の道理を宿すものである。歌を詠む者は、一草一木、一瓦一石に至るまで、それらが歌を詠めと言わんばかりだという。詩人は、この世間の出来事や四季の風景は、全てよい句があるところだという。男女の情愛に譬えて君臣の意味を述べ、酒の杯によせて世を嘆く心情を顕わすという。その楽しみは作るその人にあるのである。

『詩経』の三百篇を詳しくいえば、国風や人情を詠う中に、世間を救い人民が学ぶところがある。『文選《もんぜん》』や唐詩にいたるまで、その時代の治乱、民の苦楽、事の顚末、人情の嘘と真実が明確に詠われていて面白い。時代が下って、宋時代の詩が理知的過ぎても、明時代の詩が表面的であっても、それでも楽しみというものは、やはりその人によるのであろう。

我が国の和歌は『万葉集』以来、その詠われた風情は千年後の現在でも人の心を感動させる。

玄賓僧都《げんぴんそうず》の、

「山田もるそほづの身こそ哀なれ秋果てぬれば問ふ人もなし」（山の田を守る案山子《かかし》の身は哀しいものだ。秋が終わってしまえば訪れる人もいない。『続古今和歌集』）

また蟬丸《せみまる》の、

「これやこの行くも帰るも別れては知るも知らぬも逢坂の関」（これがまあ、東に行く人も都へ帰る者も、また互いに知っている人も知らない人も、別れては出会うという逢坂の関なのだなぁ。『後撰集』）

喜撰法師《きせんほうし》の、

「吾が庵《いお》は都のたつみしかぞすむ世を宇治山と人はいふなり」（私の庵は都の辰巳〔東南〕の方向にあってこのように〔しかぞ〕住んでいるが、この山を世間では世を宇治〔憂し〕として隠れた山と言っているようだ。『古今和歌集』）

など、その超俗の趣はインドの経典の詩文と比べることができるという。また、「ももしきの大宮人はいとまあれや桜かざして今日もくらしつ」（宮中に仕える人たちは暇があるのだろうか。桜の髪飾りをして今日も暮らしている。『新古今集』）

「このたびはぬさもとりあへず手向山《たむけやま》紅葉の錦《にしき》神のまにまに」（このたびの旅は、忙しさで御幣《ごへい》の用意もできませんでしたが、この手向山の紅葉の錦をたむけますので神の御心のままにお受け取りください。『古今和歌集』）

「月やあらぬ春や昔の春ならぬわが身ひとつはもとの身にして」（月は昔の月ではないのであろうか。春は昔の春ではないのか。私だけが昔のままであって他は変わってしまったのであろうか。『古今和歌集』）

という類は『詩経』の三百篇にも比べることができるという。

また、悟りを得た仏道の師が自分の境地を文字で表現したものがある。禅の三祖僧璨《そうさん》の『信心銘《しんじんめい》』、永嘉大師《ようかだいし》の『證道歌《しょうどうか》』や『寒山詩』、『杯度歌《はいどか》』など、その類は多くある。また、道徳として善を勧めようとして、世に文章を書き残しているものもある。『金人銘《きんじんめい》』や鼎《かなえ》の銘文などであるが、これらは全て音楽の楽しみに比べるようなものではない。ましてやざれごとや綺語とは比べものにならぬ。

歌謡等を許す例

たとえ十善が行なわれている善の世界であっても、馬で荷物を運んだり、日雇いの仕事をしている人に、無言で馬を挽《ひ》けと言うのではない。静かに土木作業の地固めをせよと言うのではない。馬を挽く者には、その時の歌がある。その人の分からすれば綺語を犯すことにはならない。日雇い人の仕事唄や調子のよい言葉は、その人の分からすれば綺語を犯すことにはならない。農民の田植え、草刈、臼引き、麦の脱穀などの際の唄がある。これも綺語にはならぬ。

もし、国王がこれを好めば綺語を犯すことになる。木こり、漁師、船頭などの歌はみな戒を犯すものではない。しかしこのような歌の中にも善悪は見分けるべきで、もし邪なものであれば禁止すべきである。

『楚辞《そじ》』の「漁父《ぎょふ》の辞《じ》」などは仮に創り出されたものであろうが、漁師が潔癖な屈原に「滄浪という川の水が澄んでいる時は冠の紐を洗えばいいし、濁っていれば足を洗えばいいではないか」と語った詩は、真実を含んだ言葉だと思える。

詩文の綺語

正確に言うならば、出家の僧であろうと在家であろうと、徳のある立派な人は純粋で、掘り出したばかりの磨かれていない宝石のように素朴で、浪立たない深い淵のような静けさがある。そこに真実の道がある。技巧が徳をなくし、飾りが本性を傷つけることもある。

詩は素朴な古詩を読むのがよい。自分の心を表現するにしても巧拙《こうせつ》は問題ではない。歌も古歌がよい。懐いを寄せて歌を詠んでも巧拙は問題ではない。善言や善行は昔の聖人・賢者を例にあげて褒《ほ》めるがよい。自分の意見を立てたり、自分の所業を美化したりするべきではない。何事にもただ自分の行動に行き過ぎはなかったか、また、足らないことはなかったかと考えるべきだ。

書物を読めば、その意味がほぼ理解できればよい。文章の裏まで細かく詮索する必要はない。文字を書くことは姓名を書ければよい。書写の巧拙は問題ではない。才能や技術はその有能な人を起用すればそれでよい。祭りの器物はそれを扱う係がいるので、その者に任せておけばよい。それぞれが自分の事をやればよい。このようなことでおよそ不綺語戒は全うできるものである。

七衆と三乗

仏教は教団の構成として、比丘《びく》（男子の出家者）・比丘尼《びくに》（女性の出家者）・優婆塞《うばそく》（男性の在家信者）・優婆夷《うばい》（女性の在家信者）・沙弥《しゃみ》（男性の未成年の出家者）・沙弥尼《しゃみに》（女性の未成年の出家者）・式叉摩那《しきしゃまな》（沙弥尼の十八歳〜二十歳の尼）という分類（七衆《しちしゅ》）をする。同じ仏弟子の中でも、仏道修行の段階としての区別である。また自分の心を訓練して涅槃を得る修行を声聞乗《しょうもんじょう》という。眼で物を見ること、耳で音を聞くこと、鼻で香りを嗅ぐこと、舌で味わうこと、物に触れること、これらの感覚による欲（五欲）を超越して、欲界の外に出て自由になる。物質の世界からも、また、変化して止まない心の束縛からも離れて自由になる。初心者の時から、修行を積んだ後に至っても、綺語などを言う暇はないのだ。

真実を悟り、かつ他の人々をも救う。また、自我も物質も共に実体としては存在しないという空の境地に達するのを菩薩という。この菩薩がこの世に存在してこそ仏法が保たれていく。上には仏の道を受け継ぎ、下では苦悩の衆生を救済する。これには出家した菩薩もあれば、在家のままの菩薩もある。出家の菩薩には菩薩の沙弥と菩薩の比丘があって、比丘・比丘尼・沙弥・沙弥尼・式叉摩那（五衆）の序列が崩れることはない。比丘とは具足戒を受けおわった者で、五衆を統率する人である。この修行者の集団をサンガ（saṃgha）といい、これを漢訳して「衆和合《しゅわごう》」と訳し、「僧伽《そうぎゃ》」と音写することから僧と呼ぶようになった。頭髪を剃り、冠や宝石の飾りを永遠に棄てる。それは世間の地位を超越する形である。俗世の服を脱ぎ捨て、剣や帯の玉を永遠に棄てる。世間の人たちの中にはおさまらないのだ。

少年のうちに沙弥として仏道に入門すれば、一生、君臣ということには関わりがない。一生、夫婦の愛にも関わりがない。このようなことはみな俗世を離れたすがたである。経典の中に次のような比喩がある。栴檀の新芽は、他の木の香りを奪うほどのすぐれた香りである。迦陵頻伽《かりょうびんが》という伝説上の鳥は、卵の殻の中にいる時から美声で鳴き、他の鳥にまさっているという。幼くして出家する沙弥はこれと同じような功徳があるのである。少しでもこのような境地に近づけば、法の楽しみは世間の楽しみどころではない。音楽の及ぶところではない。

僧が護持する袈裟は、世間に福徳を生み出す田をかたどったものである。托鉢の鉢は量を超越した器であることを象徴するものである。仏や聖人・賢者も私たちの想像する領域を超越したすがたである。僧は位もなければ官職もない賤《いや》しい身であるが、尊さからすれば人間界・天上界の師なのである。

しかしながら、この賤しさにも尊さにも共に拘《こだわ》らないところに仏の道があるのだ。貧しさでは一切の個人的資産を放念することにあり、富は、万国からの供養に応じて世間の福徳を生み出すのである。そしてまたこの貧・富の両面に拘らないところに仏の道があるのだ。僧の地位が下位であることは、村里を乞食《こつじき》して回る者であり、上位であることは、梵天や帝釈天が恭敬するところである。この上下共に拘らないところに仏の道があるのである。

出家生活の楽しみ

自分の持ち合わせの能力に応じて経典を読んでいく。読めば必ず教えの通りに修行する。能力に応じて教えの趣旨を知る。知れば必ず言動がそれに伴う。能力に応じて正・邪を判断する。判断すれば必ず誤りを棄てて正しい道に帰る。このような心になれば、三宝（仏・法・僧）に対する清らかな信が起こる。そこに楽しみが生ずる。この楽しみは修行者本人だけが自覚し得るものであって、他の人が知るところではない。

経典の中の偈《げ》に、「諸仏がこの世に出られることは最も喜ばしいことである。法を聞いて実行に移し、安穏であることは喜ばしいことである」とある。因果報応の道理は寸分の狂いもないことを知るならば、そこに楽しみが生じる。他の人が知る境地ではない。

悪をどこまでも怖れ、善をどこまでも願い慕う。そこに楽しみが生ずる。他の人が知る境地ではない。たとえ世間に戯れ事があろうと僧が見聞する場所ではない。

法の味わいを少しでも得たならば、修行を止めようと思っても止められなくなるものだ。法を棄てることができなくなる。あらゆる樹の下や石の上、また静かな部屋の中、どこであろうと修行の道場となる。結跏趺坐《けっかふざ》して坐禅する楽しみは世間の楽しみに類するものではない。

月の光の下、無我の境地で静かに歩く。経典を理解すれば教えの通りに修行をする。わずか一句からでも多くの意味を会得する。自分の能力に応じて得た真理が身体と言語と一体となる。一つの教義の中から多くの教えを得る。教えに出会えば、それが正か邪かを明らかにする。わずかな智慧であっても多くの教えが自己のものとなり、次第に疑いがなくなっていく。この時に三宝（仏・法・僧）に対して堅固な信心を得るのである。

不綺語戒結語

肝要なことは、あらゆるもののすがたが改まらず変わることなく、飾らず違わないことが不綺語のあり方ということである。真実が天地として顕われると、天体の現象と大地の形勢とに分かれる。真実が人となって顕われると、そこには人の道がある。

それぞれの星の領域が乱れず、太陽と月は法則にしたがって出没する。天のあり方はこのようなものである。海が周辺を取り囲み、山々が内に聳えている。泉が湧き出て山々は連なり並んで乱れることがない。大地のあり方はこのようなものである。人間でいうならば、「眼横鼻直《がんのうびちょく》」（眼は横に並び鼻は縦にまっすぐについている。『永平広録』）、「手に執捉《しっそく》し、足に運奔《うんぽん》す」（手は物をつかみ、足で移動する。『臨済録』）という人のあり方の中に道がある。ないということは言われぬ。身体のあるべき道理に背くことを身綺《しんき》という。言語のあるべき道理に反するのを口綺《くき》というのである。

【解説】

仏教は、この世は四苦・八苦の世界であると教えています。そして、苦悩の根本を明かして、その繋縛から解放される道を説くのです。しかし、この世が苦の世界であることを理由に自殺した釈尊の弟子もあったそうです。仏教は、この現世を如何に楽しく、または幸せに過ごすか、ということを最終目標においているわけではありません。俗世の幸福感を満たすのが第一の目標ではないのです。しかしながら、今の苦悩から抜け出したくても解脱を得るまでの専門的な出家生活に誰もが入ることはできません。では、どのようにして日々を送るとよいのでしょうか。全く生きる楽しみはないのでしょうか。人は楽しみもない世の中に生きていけるのでしょうか。また、苦悩からの救いはどこにあると説くのでしょうか。本巻は、このような疑問を抱いている人にとって好きアドバイスとなることでしょう。

人間界では苦と楽が共に存在します。しかし、同じ条件でも人によって苦を感じるレベルには相違がありますし、人生は個々それぞれの縁起に由って生きています。この巻では真の楽しみを得るための道が個別に説かれていきます。

「綺」（飾り・華やかさ）は私たちの心を浮ついたものにします――「綺語」とは言葉の飾りを意味しますが、飾りは言葉だけではなく、所有物や行為でも、また、その基である心にも起こります――そして「綺」が物事の本質を見失わせてしまうのです。そのために浮ついた落ち着きがない人生を送ることになります。

その他の綺語の例としては、駄洒落や戯れの言葉、差別的表現、場所や時をわきまえずに語ること。言葉だけではなく、文章や詩歌の表現・内容に飾りがあること。また、前述したように、所有物や行為にまで飾り（華やかさ）があることです。以上のような場面において慎みのなさを増長させないようにすることが、かえって心を落ち着かせ、その上、心を養うことにつながります。

この巻にはそれぞれの職業における楽しみが語られていますが、本来、所有している物や立場や職業等に上下の差があるはずがなく、真の楽しみならばどの道からでも至ることができます。このことは『華厳経』の中で、善財童子が五十三人の善知識（師）を訪ねて法を学んでいく話として譬えられます。その五十三人の善知識の中には、僧や菩薩も入っていますが、医者や商人、王族、遊女などが含まれています。なお、真実を会得するための筋道の例として巻第七不両舌戒の【生来の業因縁】も有益です。人は仏性＝法性＝真実そのものですから、縁が熟せば自然に能力が発揮されます。このようなことを憶念すれば、自身に与えられている命や、自己を取り巻く無限の出来事は、さまざまな縁が複雑に絡んで成立していることが確信できるのです。

真の楽しみを得るためには、他にどのような条件が必要なのでしょうか。

「心を用うること専一なれば、その中に妙処を得る。妙処を得れば、天を楽しみ道を楽しむ

場所ある」（【職人の楽しみ】）

また、

「万般ことごとく志を専一に用うる処に神の助けを得る。神の助けあれば妙処に到る。妙処に到ればその徳漸次《ぜんじ》に成ずる」（【技芸者の楽しみ】）

楽しみの極致を尊者は「妙処に到る」こと、と語られます。それを物作りの職人や技術者が長年にわたって工夫して妙処を得ることを例に取られています。物を作る中に天地自然の道理に達し、真実の道を感得するのです。その具体的な心境をあげて、

「物を書く外《ほか》に心はなく、心の外に物を書くものはないようになると、初めて筆の妙を得る。……物を縫うのと心と二つない時節に至って、初めて把針《はしん》の妙を得るであろう。その外の技芸・詩賦・文章に至るまで、皆その通り。心さえ用うれば用うるだけの妙を得る。心というものは形はなけれども用うるに随って顕われるものじゃ」（『法語集』三帰）

ここに共通しているのは、心を専一にするという姿勢です。心を一つに集中して一体となることが必要なのです。

この真の楽しみは、どのような職業や立場であっても、心を専一に用いるか、それとも散漫な心で仕事をするかによって感得することも違ってきます。また、その用心如何によっては人生の楽しみにも大きな差が出てきます。世間には、自分の仕事や存在がつまらないと思っている人もあるかもしれませんが、

「天地の物を生ずるに、一草一木に至るまで悉《ことごと》くその用《ゆう》ある」（【職人の楽しみ】）

とありますから、この自然界に存在しなくてよいものなど一つもないのです。人間も天地から生じた物の一つです。天地の命が通っていない人も物もなく、全てがつながり合って存在しています。そのようなことも、妙処に至って実感できてくることでしょう。

いろいろな楽しみをあげられる中で、【自然を見る楽しみ】は、私たちにとっては最も親しみやすいことを通じて得る楽しみであり、また、この世界の真実を感得できる対象でもあります。ここにあげられているのは、太陽、星、月、雲、風、雨、雷、四季、花、鳥、虫、霜、雪などです。しかし、ただ、その美しさを愛でるだけではなく、仏道の教えによってそれらの存在の本性に触れるならば、その真実のあり方としてのこの世界の縁起の展開が観えてくるはずです。その開眼によって、自分を取り巻く人間関係や物事への対処法が道にそったものへと変化し、自分のあるべきすがたを察知するに至るならば、無上の楽しみとなることでしょう。

「この雲によそえて五蘊色身来去《ごうんしきしんらいこ》の相に達す。縁起を明了《みょうりょう》にして優《ゆたか》に聖域《しょういき》に入る。或は風を楽《たのしみ》とし雨を楽とし雪を楽とする。皆その趣あるべきじゃ」（【自然を見る楽しみ】）

この「縁起を明了にして優に聖域に入る」というのは、「縁起を知る者は法を知る」と言われるように、私たちが当然のことのように見ている日々の変化して止まない現象（ここでは風や雨や雪）を目の当たりに観て悟りに達するということです。そこにこそ真実が露堂々と現成《げんじょう》しているのですから。

『十善法語』の全体にわたって、縁起、因果、業報、という原理が根底にあります。これは仏教者としては当然のことです。

縁起を理解するために参考となる尊者の法語の一部をあげてみます。

「一切諸法は総じて一大縁起なることを知れ」（『法語集』孝道）

「天地の間、この事ありこの物ありて、或いは各々相応し、或いは相制する。もの独り立《りっ》せぬ。事独り成《じょう》ぜぬ。左右相依り、能所《のうしょ》互いに扶《たす》け、時を得処を得て成立《じょうりゅう》するじゃ」（巻第七【友愛親好のすがた】）

「法とは規度《きたく》定まりて、任持《にんじ》する義なり。性《しょう》とは不改《ふかい》の義なり。異縁ありて改まらぬを性というなり。この法性、その本体は改まらねども、縁ありて発起《ほっき》するなり。これを縁起という」（『人道随』）

「仏性は言説心念《ごんせつしんねん》を離れて、しかも常に縁起する。縁起端《はし》なきこと環《たまき》の如くじゃ」（巻第七【仏性縁起】）

「善悪報応、ちかくは天の命なり。遠くは法性の縁起なり」（『人道』）

「華厳《けごん》に、衆生妄《みだり》に分別すれば、仏あり世界あり。もし、真法性《しんほっしょう》を了ずれば、仏もなく世界もなしとある。この法性が直《ただち》にこれ縁起じゃ。仏果究竟《ぶっかくきょう》も、一物鎮長霊《いちもつちんちょうれい》でない。頑空無体《がんくうむたい》ではない。この縁起が直にこれ法性じゃ。凡夫身心、従来の面目を改むることではない。この縁起不思議の中、業相の影を現ず」（巻第八【縁起は真実の本性】）

「縁がなければ、ただ一法性じゃ」（『法語集』法性縁起と追善功徳）

ここにあげた法語は、縁起に関することでも、主として法界縁起（『華厳経』）に関連して述べられたものです。これは、真如縁起（『大乗起信論』）と同義で、尊者は法性縁起・仏性縁起とも語っておられます。真実のすがた（実相）が縁によって諸現象を生じていくことです。縁起するものは固有の実体を持たない（空）ので、縁によって平等に変現するのです。縁起による展開は儒教では天命・天道、神道では神祇・神事として顕われます。縁起とは、自分の周辺に起こる全ての関係性を基とした現象ですから、自分が生まれて初めて呼吸した時から息を引きとるまで、この縁起から外れることはありません。常に多くの縁起の中で生きているということは、自分が縁起の中でしか生きられないということでもあります。縁起や業報の存在を認めることは、自分が縁の中で生きていることを実感することによるのであって、観念的、論理的な問題ではありません。

縁起の理を知るといっても、その知は客観的な認識の知ではないのですから、自分自身が縁起の本体であることを忘れてはなりません。『正法眼蔵』の中に、船から岸を見ていると動いているように見えるが、実は自分が動いているのに気付かずにいるのだ、とあります。人は自分のことは忘れがちなのです。

このように縁起の現象は自身のことでありつつ、

「縁起をさまでもないことと思うであらうが、この縁起は甚深なことで、ただ仏の境界じゃ。小根劣機の者の知るところではない。信解《しんげ》する所ではない」（『法語集』神祇の出現）

と語られているようにきわめて深遠なものであって、私たちが通常に物事を知ろうとする思考のパターンでは縁起の理法は知り得ないようです。

真実の智慧を得るには、自然界や世間の出来事を当たり前のことのように漠然と見ないで、心をこの上なく直《なお》くして観察しなければなりません。「一切諸法は総じて一大縁起」とあるように、これを知ることも縁起によってですし、修行して悟りの世界を知ることも縁起によるのです。この世は縁起・因果を抜きにしては成り立たないということになります。

さて、その上でさらに甚深な解釈として、次のようにもあります。

「因縁に依って証得しようと思うか。因縁というものも総じて生滅に属して虚妄なものじゃ」（『法語集』楞伽心印《りょうがしんいん》）

これまでの縁起の説明とは非常に矛盾しているように思えるでしょうが、実はこれが仏教では最も大切なところです。縁起を理解し、これを知ることによって悟るのだと教えられると、私たちは縁起を知的に理解しようとし、それが悟りに至る方法だと思ってしまいます。縁起を知ることで終わりではありません。そのような知り方では、縁起していることと、自分と、悟りとがバラバラです。仏教の知る（悟る）ということは、「〜によって」という媒介を捨ててしまうことです。尊者が、

「知るということは、少分相応することじゃ」（『法語集』法性相応）

と説いておられることは重要です。これを『スッタニパータ』では、

「『教義によって、学問によって、知識によって、戒律や道徳によって清らかになることが

できる』とは、わたくしは説かない。『教義がなくても、学問がなくても、知識がなくても、戒律や道徳を守らないでも、清らかになることができる』とも説かない。それらを捨て去って、固執することなく、こだわることなく、平安であって、迷いの生存を願ってはならぬ」（『Sn.』八三九）

「依りかかることのない人は、理法を知ってこだわることがないのである。かれには、生存のための妄執も、生存の断滅のための妄執も存在しない」（『Sn.』八五六）

釈尊は、それがどんなに素晴らしい教義であろうとも一切の執着を捨てよと説かれています。私たちの思考は、迷いを捨てて悟りを得る、というパターンです。つまり、迷いか悟りか、という二者選択なのです。悪を捨てて善を取る、というように、どちらかを取る思考回路に教育されてきました。この思考から解放されて、どちらをも捨てる……これが空の意味するところです。

それに加えて、現代の私たちは、知識によって物事の本性が知れると思いがちです。できるだけの情報を得て、調べ上げることによって、その事を把握できると思い込んでいます。心のことにしても、心理学という学問で心を知ることと、釈尊が説かれる心の本性を覚ることとは方法が異なるのです。

さて尊者はその上に、

「根も葉もなき生死《しょうじ》のつねに相続することを合点して、根も葉もなきことにて解脱のなるを信ずべし」（『短法』）

と説かれています。これは、

「迷わば迷え、この迷、元来根帯なし。覚らば覚れ、菩提はこれ空の義じゃ」（巻第九【一切は縁由の差排】）

とある法語と共に工夫するとよいでしょう。生死の相続とは、因果によって輪廻していくことで、迷いの世界に流転していることです。その世界の一切のものは根も葉もない（実体がない）ものだと合点して解脱する。その解脱も何かに依って解脱するのではない――身体の感覚器官で会得するのでなく、教義でもなく、年月でもなく、仏に依ってでもなく――というのです。初めの「根も葉もなき」は実体がない（無自性《むじしょう》）を意味し、後の「根も葉もない」は一事に執着しない（無限定）ことです。この短い法語は空の無自性と無限定という二つの意味を表わしています。

初心のうちに縁起の道理を学ぶことは、縁起からの解放（縁起によって繋縛《けばく》されないこと）にまで行き着くための最初のステップだと言っていいでしょう（実際には縁起しているものと空とは別物ではありません）。

究極的に、「因縁というものも総じて生滅に属して虚妄なものじゃ」というように、縁起そのものも空であるとなると、私たちには取り着く島もないように思えてしまうのですが、これをわずかでも理解して憶念し工夫することと、理解せずに道を求めていくのでは大きな違いです。そこに縁起の只中に生きながら縁起から解放された任運自在の境涯（本書二〇四～二〇五頁参照）が開かれてゆくでしょう。

本巻に説かれている真の楽しみは、決して現実の苦悩を否定するものではありません。いわば、苦と楽の二つが共にない安らぎの楽しみ、と言えると思います。その境地は道と一体となったところのものですから、

「楽《たのしみ》とは道理の楽なり」（『人道随』）

「道を以て楽とする」（巻第一【不綺語戒の平等性】）

と表現されます。尊者は時折「楽しみを楽しむ」と語られています。この「楽しみ」とは、苦と楽の二者が存在しない境地を楽しむという究極の楽しみなのです。私たちが世間で普通に求める楽しみは、際限なく求め続ける楽しみであり、求めるにつれて苦悩と繋がります。ですから、その二者をなくしてしまった時に現われる無上の楽しみが真の楽しみなのです。

「迷悟元来不二じゃ。仏界を知ろうと思わば、衆生界に入りてみよ。大道徹底の処を尋ねば、迷の源底を窮めてみよ。ただ知らぬ者が知らぬばかり、解《げ》せぬ者が解せぬばかりぞ」（巻第十二【理は無碍・平等性】）

このように徹底してその中に入って見よ、と説かれます。客観視していては、それを超えることは出来ないからです。自分自身を外した客観的な真理を求める態度は仏教の教えの中にはありません。科学的な視点や分析ということとは全く反対の方向です。

「真理を楽しみ、真理を喜び、真理に安住し、真理の定めを知り、真理をそこなうことばを口にするな。みごとに説かれた真実にもとづいて暮らせ」（『Sn.』三二七）

常に真理と共にあり、そして真理をも意識することなく真実の行為（十善）が行なわれるところに、本来の楽しみがあるということです。

この巻では僧の楽しみが説かれています。

「一分《いちぶん》の法味《ほうみ》を得る、止まんと思うても止められぬじゃ。法が捨て置かれぬじゃ。到る処の樹下、もしは石上、もしは静室《じょうしつ》の中、みな我が修行の道場となる。結跏趺坐《けっかふざ》して正憶念《しょうおくねん》する。この楽しみはまた世間に類せず」（【出家生活の楽しみ】）

この一文は特に味わい深く、一読して忘れられないものです。特に「止まんと思うても止められぬ」・「法が捨て置かれぬ」ということなどは、尊者の日々の生活が如何に仏道と強い縁で結ばれていたかがうかがわれます。それほどまでの境涯であればこそ、法の味わい、そして坐禅・観想の楽しみが親しいものとなるのでしょう。この一文は尊者の実際の宗教的体験からくるものです。明恵上人が「全てこの山の中に面《おもて》の一尺ともある石に、我が坐せぬはよもあらじ」と話された言葉をも想起することです。

さらに、釈尊が楽しみを語られた忘れがたい言葉があります。それは、涅槃も間近な釈尊が阿難に向かって、

「アーナンダよ、〈王舎城〉は楽しい。〈鷲の峰〉という山は楽しい。……ヴェーサーリー（市）は楽しい。ウデーナ霊樹は楽しい。ゴータマカ霊樹は楽しい。……」（『マハーパリニッバーナ経』（『ブッダ最後の旅』中村元訳。岩波文庫））

と語られていることです。この世の見るもの全てが愛おしく思われてのことではないでしょうか。それは、この世や、衆生に対する執着ではなく、大いなる慈悲心からの感嘆であったことでしょう。

この深遠な境涯は想像もできないほどですが、深い感動がいつまでも心に残ります。

楽しさは何にたとへむまつみどり
無事こそ人の宝なりけり　（『慈雲尊者文藻集』）

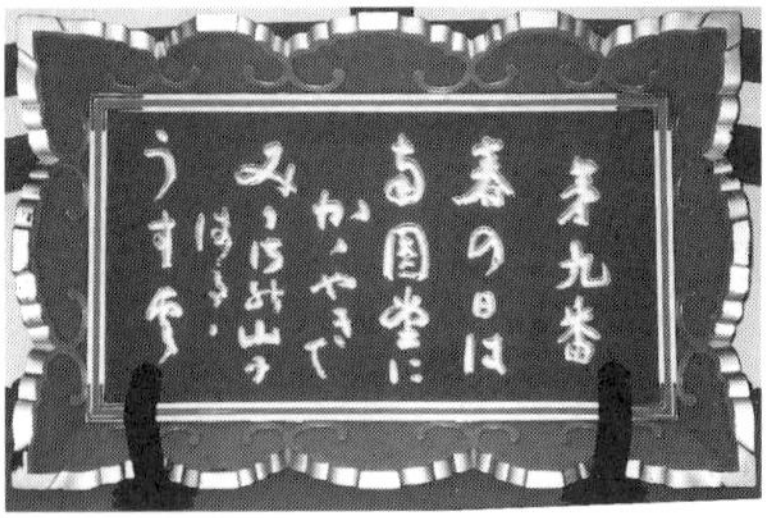

慈雲尊者筆「第九番　春の日は　南圓堂に　かがやきて　みかさの山に　はるるうす雲」（興福寺・南円堂）

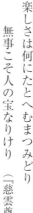

巻第六　不悪口戒《ふあっくかい》

安永三年（一七七四）甲午二月八日、大衆に示す。

不悪口戒序説

師は説かれた。

第六は、他人を見下げて侮辱《ぶじょく》しない道である。この教えを不悪口戒という。または不麁悪語戒《ふそあくごかい》と名づけている。どのような人に対してでも、荒々しい言葉でののしることを悪口という。この悪口が卑劣であることを知って、言葉に気をつけて、やさしい言葉を遣うことを不悪口という。これに規制があって、それに従って不悪口を守ることを不悪口戒と名づけるのである。

不悪口戒の犯相

不悪口戒の破戒の例をあげるならば、他人に下賤と言ったり、愚か者と言ったり、身体の不自由な人に片輪者と言ったりするようなことは、全てこの戒を犯すことだ。

　また、優れた人を普通の人のように言い下したり、普通の人を見下げて言ったり、悪いこともないのにけなして言うようなことは、この戒のさらに重い罪である。さらに、似た類の例をあげれば、落ち着きがない人を猿と比べたり、乱暴な人を犬や狼と比べたり、愚かな人を虫と比べてあざけり笑うようなことは、最も甚だしい罪である。

他の口業との関連

もし事実でない話を故意に作ってののしるならば、悪口と妄語を重複して犯すことになる。もし馬鹿にしてからかえば綺語を重複して犯す。もし人の親好をこわすならば両舌を重複して犯すことになる。

　心の中に毒を含みながら口で荒々しい言葉を発したり、または、おごり高ぶって、人を軽視してののしって言うこと、あるいは、心が狭く臆病な者が、逆に大きく見せようとして荒々しい言葉遣いをすること、また、思慮が浅く落ち着きがなく常に下品で、言葉が荒々しいのは、この戒を犯すすがたである。

心での悪口

これまでの妄語・綺語と同じように、この戒でも身体的行為（身業）と心のはたらき（意業）との関連を考えるべきである。もし、心が軽々しくおごり高ぶり、人を動物のように見るならば、心が悪口戒を犯したも同然である。威勢がよく誇らしげで、鷹が他の鳥を押し伏せるかのような威圧的な行動をすれば、身体が悪口を行なったことと同じである。

悪口がなくなれば、自然に驕慢《きょうまん》の心がなくなるし、威張った態度もなくなる。このようなことから、道を志す者は、最初に言葉を慎むべきである。優れた人のほとんどは、過去から積み重ねてきた善行のお陰で、身（行為）と口（言語）と意（心）のはたらきに荒々しさがないので、この戒は自然に具わっているものである。

大人《たいじん》の徳と楽しみ

大人（徳のある立派な人）が立派である理由は、意気揚々としているからではなく、性質が穏やかであるからだ。徳のある人の楽しみは、気ままで贅沢な暮らしをすることではなく、謹慎篤実（謹慎＝言動が控えめで慎み深い、篤実＝情が深く誠実）にある。わずか一度の荒々しい言葉、一度の傲慢《ごうまん》な態度など、全て身にふりかかる災難の兆候であることを知るべきである。

家にいても、志が同じであれば世界の人々と心は一つである。互いの心が違えば兄弟でも妻《さい》妾《しょう》でも全て敵となる。

経典の中に、善生子長者《ぜんしょうじちょうじゃ》が六方を礼拝したとある。東方は父母、南方は師、西方は妻、北方は朋友、下方は奉公人、上方は福徳を生じる三宝（仏・法・僧）である。これは身体で礼拝するだけではない。心から敬う気持ちからである。要するに、親孝行しなければ、その災いが東方より起こる。師の教えを敬うことがなければ、その災いが南方より起こる。夫婦でも礼儀を失えば、その災いは西方より起こる。交友に信がなければ、その災いは北門より入る。人を使うのに真実がなければ、その災いは下方より来る。三宝に驕慢の心を生ずれば、その災いは天より下るということだ。

謹慎篤実による楽しみ

ただ謹慎篤実の人だけが、現世と来世の楽しみを全うする。愚かな者は謹慎であることが窮屈なことだと思い、気ままに暮らすのが安楽のように思っているがそうではない。本当の楽しみというものは謹慎篤実の上にあって、気ままにくつろぐところにはない。愚かな者は、謹慎篤実であるのは力量がないからだと思い、威張って勇ましければ度量があるように思うが、そうではない。本当の度量とは謹慎篤実の上にあるのであり、威張って勇ましいところにはないのだ。

言語の慎み

十分にこの不悪口戒を守る者は、上下関係がはっきりしている場合でも、下の人を見下すようなことはしない。注意深く丁寧に一日一日を慎む。男女の違いがあっても、婦女子を軽く見ない。夫婦間でも常に礼節がある。父と子と、兄と弟のように年齢の差があっても、年少の者を見下したりしない。それで家門は常に修まるのである。

男性が女性を見下すことがないので、賢女や貞婦が補佐となって、女性としてのあるべき道を守る。父兄が年少者を見下さないので、親や祖父母に尽くす者が家風を失墜させることがない。一日一日と慎む中に楽しみがあって尽きることがない。

経典の中に、十善を行なう帝王の子に不肖の者はおらず、心がねじけてこびへつらう臣下もなく、心が賤《いや》しく妬《ねた》み深い妃もなく、国民も愚かでなく、戦うことなくして万国が従うとある。

総じていえば、人がこの世に存在し、どのような地位にあろうと、誰一人としてこれでよいと心を許してはならぬ世界なのである。もし、もうこれでよいというような怠った気持ちがある時は、そこに災いを招くことになるのだ。

不悪口戒の異熟果《いじゅくか》・等流果《とうるか》・増上果

『華厳経』の中に、悪口の罪は衆生を地獄界・餓鬼界・畜生界に堕《お》としめる、とある。これは異熟果である。もし、人間界に生まれれば二種類の果報を得るが、その一つは常に自分に対する悪い評判が起こること、二つ目は闘争の言葉が多い、とある。これは等流果である。他の聖典には、生きている環境も棘《いばら》や荒れ地が多い苦難の地とある。これは増上果である。

　戒に背けば道理として罪業をつくることになるが、それは例えば印章を紙に押すように、また、鋳造《ちゅうぞう》の器を型から取り出すかのように、寸分の違いもなく因（行為）から果（報）に移るとある。ただし、心が粗雑な者や道理に暗い者はそれを理解できない。そして、名利《みょうり》と五欲（眼・耳・鼻・舌・身の五つの感覚器官による欲）に従う者や事に追われている者は、この真実を知ることなく道に迷うのである。

凡聖一如《ぼんしょういちにょ》

　この世に生きている全ての衆生、虫も人間も、全て一つの真実（仏性《ぶっしょう》）そのものであることは、例えば海水のどこを取っても同じ塩の味がすることと同じである。また、大空のどこであろうと同じように広々としているようなものである。

　この仏の本性である仏性は、凡夫だからといって仏よりも少ないということはない。仏だからといって凡夫より多いのでもない。仏性は増えたり減ったりするようなものではなく、平等であることを信じるならば、自然におごり高ぶる心はなくなり悪口を離れるものだ。迷いに迷ったとしてもこの仏性は変化するものではないし、からりと悟ったところで変化しない。このように、元来迷いと悟りとのへだたりはないということを信じるならば、自然におごり高ぶる心はなくなり、悪口を離れるものである。

迷悟一如《めいごいちにょ》

迷いと悟りは、例えば物の表と裏のようなものであり、また、一日に昼と夜があるようなものであり、この仏性を仮に区別して説明しただけである。仏・菩薩は仏性の中にあって、常に真実の世界に住んでいる。しかし凡夫も同じように仏性の中にありながら、煩悩があり道理を知らないだけなのである。

凡夫は真実を知ることなく幻ばかりを追い求め、業にしたがって迷いの中を流転している。平等性の中に一と多（個と全体）との対立を作り出し、自・他を造り出す。造り出した幻は捉えることなどできないのに無理に捉えようとする。この世は無常であるのに、永遠を望む。実体などないのに永遠の存在を考える。心（主）と、心で捉えようとする対象物（客）の二つを造り出す。常住不変の真理の中に過去・現在・未来という時間を見て、その流れにとらわれる。

唯識《ゆいしき》

この世界を人間の肉眼で見れば、どこも人間の世界である。動物や草木まで、全て人間が利用するためにこの世に生育しているように見える。たとえ海や山を超えて千里万里の彼方まで往くとしても、無量の国々を通り過ぎたとしても、どこまでも人間の世界が続く。もし、鬼神（霊魂・神霊）の世界があって、その鬼神の眼で世界を見るならば、到る所が鬼神の世界であり、山川草木も、全て鬼神の心のままの世界でしかないということだ。

『華厳経』に、「人間の集落と夜叉の集落は、同じ所に住んでいるが、互いに見聞きすることがないし、妨害しあうこともない」とある。人の中には因果の業を感じ取る能力がある人がいて、この夜叉の世界が見えることがあるという。このような人の眼には、大地や樹木、また、一かかえも二かかえもある大木には、皆それ相応の木の神が住んでいて、神がいない隙間はないという。

改めて考えてみるならば、この迷いの世界は全てただ夢の世界である。この人の夢はあの人は知らない。あの人の夢はこの人は知らない。塵のような小さなところに、多くの世界を建立する。同類で同じ業を持つ者たちが一緒に住んで、共通の言語で通じ合う。一瞬の時間に年月日という時間の区切りを造り出して、同じ仲間同士がその中に生まれては死んで、悲しんだり喜んだりしている。さらに道を誤ると、おごり高ぶる心に使われて、身体・口・心の三業による悪口を犯す。これによって地獄界・餓鬼界・畜生界に堕ちて迷うのである。

常《じょう》不《ふ》軽《ぎょう》菩《ぼ》薩《さつ》

これに関する一つの話が『法華経』の中にある。信じる心がある者はよく考えてみよ。無限ともいえるほどの遠い過去に威音王仏《いおんおうぶつ》という仏がおられた。その仏の滅後、すでに仏の教えが廃《すた》れている時に、一人の菩薩の心を持った修行者がいた。名前を常不軽《じょうふぎょう》という。この人は学問もせず、お経も読まなかったが、ただ教団の中のどのような人に対しても差別なく尊敬の心を起こして、礼拝《らいはい》し褒《ほ》め称《たた》えて、「私はあなたを軽視することなく敬います。あなたがたはみな将来、仏となられるでしょう」と言うのであった。常にこのようなことであるから、人呼んで常不軽と言ったのである。

その時、教団の中で常不軽に怒りを起こした者が、「この無智の比丘、どこから来たか、我々にはそんな予言は必要ない」と言って、木の杖で打ったり、石を投げたりした。その時は、難を避けるために遠くに走り去るが、それでもさらに声高々に「私はあえてあなたがたを軽視しない、きっと仏となられる」と言い放った。常不軽は臨終の時に威音王仏を見たので、六根（眼・耳・鼻・舌・身・意）が清浄になる功徳を得て、さらに寿命が延びたとある。

空と縁起

このようなわけで、仏性を礼拝し敬意を表すれば無量の功徳を得る。悪口すれば大罪になる。本当の修行者は究極の境地にありながらも、俗世の縁起を否定せず、その罪や功徳が存在することを知る。

一切の衆生が、自分の業の風に吹き惑わされて、生死《しょうじ》を繰り返していることは、譬えてみれば空に浮かぶ雲のようなものだ。二つの雲が風によって一つの雲となる。風によって離散すれば百千万の雲と散る。一切の衆生が実体のない平等の世界の中で生じたり滅したりしながら、彼と此れが対立するかのように見ている。貴・賤、賢・愚などの差別があるかのように見ているのだ。

慈雲尊者筆　半身達磨図「一華開五葉」

【解説】

悪口とは、現代で私たちが使っている「わるぐち」の意ではありません。不悪口のことを不麁《ふそ》悪《あく》（麁＝粗）とあるように、荒々しい口調で人を罵《ののし》ることです。この悪口の底には心の憍《おご》り（驕）りが潜んでいます。日頃、他人に対して荒々しい言葉で接することがなくても、少しでも憍る心があれば悪口に結びつく可能性があります。

憍りは人に対するばかりではなく、小さな動物に対しても起こりますから、動物を虐待することから殺生にまで至ることもあります。悪口も他の戒との関連が深いので、二重・三重の戒を犯しやすいものです。また、見下した態度や傲慢《ごうまん》な素振りなども憍りから出るのですから、この悪口戒の根本である憍慢《きょうまん》の心を離れて「謹慎篤実《きんしんとくじつ》」（ひかえめで情にあつく誠実、四五頁及び五五頁の「謹慎護持」も参照）という習慣を身につける必要があります。

「大人《たいじん》の大人たる処は、意気揚々《いきようよう》の処にはなくて、志性温良《しせいおんりょう》の処にあるじゃ。その楽《たのしみ》、放逸《ほういつ》歓楽《かんらく》の処にはなくて、謹慎篤実の処にあるじゃ。一度の麁言《そごん》、一度の傲慢、みな災害の兆《きざし》と知るべし」（【大人の徳と楽しみ】）

現代では「意気揚々」という言葉を、元気ではつらつとした言動、または威勢よく誇らしげな態度を表わす言葉として使います。これはともすれば、圧力的な態度や自己中心的な行動となります。「一度の」とあるのは、心の状態がわずかな言動にも現われて、それが不測の事態を招く

からですが、
「言《ことば》は口に出さざるにその相が外に現われる」（『金般若』）
という法語と併せて考えると、心のほんの僅かな動きによって事の次第が決定されていくことになりそうです。心の一瞬の動きがきっかけですから、とても恐ろしいことです。
すでに巻第一不殺生戒に、
「珠玉《しゅぎょく》の琢磨《たくま》を待ちて光彩を発する如く、性戒《しょうかい》十善は謹慎護持の中に、人天《にんでん》の楽果乃至《ないし》無漏《むろ》勝妙の果を顕わす」（巻第一【謹慎護持の功徳】）
とありました。人間の性《しょう》として、十善が生まれた時からすでに具わっているとはいえ、謹慎護持によってこそ、この徳は発揮されていくのです。そのような「琢磨」が必要だということも肝要です。このことが「楽果乃至無漏勝妙の果」（悟り）にまで至るのですから、僧侶が特別な修行をする以前の問題として、いかに謹慎篤実の態度で修行に臨むことができるかということが大切なわけでしょう。

ここで脳裏によぎるのは尊者の揮毫された墨跡です。その遺墨は、まさに謹慎篤実がそのまま体をなしたものだからです。尊者を慕う多くの人々が揮毫を依頼しました。存命中にすでに偽物が出回っていることを知った尊者は、偽物を造る罪を犯させないようにとの慈悲心から、より一層お書きになったそうです。「偽物を造作し、偽書を作り出す」（巻第十【十善戒の戒善】）ことは妄語戒を犯すことになるからです。偽物を造った結果をよくよく考えてみれば、その偽物がこの世に存在する間は人を騙し続けることになり、死後も自分の知らないところで罪を犯し続けるのです。

尊者の膨大な数の遺墨は現代でも高く評価されています。気宇が大きく、静謐《せいひつ》を湛《たた》えると共に褐筆《かっぴつ》が美しく、余白には気品が漂っています。そして何よりも、紙に向かって正面から誠実に構え、安易な技巧で逃げることなく書かれています。それはまさに仏道に対する姿勢と同じであり、その真摯な取り組みが謹慎篤実の書を生んでいるのです。

多くの人は、太い線で褐筆が多く、筆さばきが大胆であることが尊者の書のイメージであるようです。しかしこの一見大胆と思えるような勢いがある線質は、「意気揚々」の心からではなく、広大な世界と心が一つになった無碍の境地から発する雄大さ、そして、一切のとらわれから離れた大自在の顕われなのです。

「物を書く外に心はなく、心の外に物を書くものはないようになると、初めて筆の妙を得る」（『法語集』三帰）

これが尊者の言われる「妙処」ですから、尊者も常々この境涯から書作するように工夫されたことでしょう。

迫力で迫ったり、意表を突いた表現の芸術作品に必ずしも真実が現われているとは限らないものです。尊者の書作の姿勢が謹慎篤実であることは、特に小字の書ではより明らかです。小字では、筆先に丹念に意を用い、精到な筆使いが必要となるので、謹慎篤実の姿勢がより一層顕著となるのです。

「ただ謹慎篤実の人のみありて、今世後世《こんせごせ》の楽事《らくじ》を全くするじゃ。愚かなる者は謹慎は窮屈なるように思い、放逸は安楽なるように思う。そうでない。誠の楽《たのしみ》は謹慎篤実の上にありて、燕安《えんあん》放逸の処にはない。愚かなる者は謹慎篤実なれば、不器量《ふきりょう》なるように思い、倨傲《こごう》大胆《だいたん》なれば、一器量《ひときりょう》あるように思う。そうでない。誠の度量は謹慎篤実の上にありて、倨傲大胆の処にはなきじゃ」（【謹慎篤実による楽しみ】）

謹慎篤実とは、ただ生真面目におとなしくして、人と異なったことをせず控え目に過ごしていればよいということではありません。むしろ、真の勇気ある行動が生まれる基でもあるのです。

「世の怯弱《こにゃく》・臆病というは、みな道を心得ぬ者の類じゃ。もし十善戒法を真実に護持する者あらば、必ず勇猛剛強《ゆうみょうごうきょう》の徳を長ず」（巻第二【世間の仏法への批判　例1】）

「世教《せきょう》にも出世教にも、道に依る者の怯弱になる理はなきことじゃ」（巻第二【仁者の勇】）

本当の心の強さは、決して憍慢から出るものではなく、道に順ずる心から起こってくるものでしょう。そのようなことからも、道に順じた十善の行為は謹慎篤実と符合するのであり、十善の行為が真の勇気ある行動となるでしょう。その憍慢の心を徹底して捨て去った例として、尊者は『法華経』から常不軽《じょうふぎょう》という修行僧の話をあげられます（【常不軽菩薩】）。常不軽は誰に対しても分け隔てなく礼拝して「私はあなたを軽蔑することはありません。なぜならば、あなたは仏に成る人だ」と宣言して歩くのです。経も読まず説法もせず、ただそのことだけに徹していきます。人は常不軽を罵り、悪口を言い、石や棒を投げますが、それでも常不軽は怒ることなく、逃げた遠くからでも、「あなたがたを軽蔑しない」と叫んだということです。

憍慢・傲慢・我慢――これらのおごり高ぶる心は、自と他を分けて、比較することから発します。これを仏教では「分別」といい、これが迷いと苦悩を引き起こします。この分別という言葉は現代の意味とは異なり、ものを二分することを意味するので、差別《しゃべつ》（区別）や分析の思考につながります。分けることによって全てが相対的となるので、自己を離れた客観的な視点で物を見ることになり、真実に触れることができません。妄分別ともいいます。つまり、自他、男女、大小、老若、遠近、内外、寒暑、苦楽……などと、自己の中ではこの世界が二元化された対立の世界で支配されることになります。憍慢はこの分別が基で起こってくるのです。

「自心に自心を取ると、自ら心性《しんしょう》を味《くら》まして、一仏性の中に内外《ないげ》が分かれ高下が分かれ、凡《ぼん》聖《しょう》が分かれ迷悟が分かれ、男女大小が分かれて、心相が境界に従って転変し、境界が心に似て現ずる。これじゃに依って、楞厳《りょうごん》（経）に〔自心取自心《じしんにじしんをとれば》、非幻成幻法《ひげんもげんぽうとなる》〕とある。一仏性の中には内外高下もむだなわけごとじゃ」（『法語集』「菩薩戒」）

「自心に自心を取る」というのは、自分の心でさえ客観的に見るということです。そのような分別は「むだなわけごと」とあります。

「自己に執着なければ、一切法に執着をはなる。例えば、草木の根を断ずれば、枝葉自然に枯るるがごとくなり」（『人道随』下）

とも説かれることから、全ての執着を離れるためには自心（我）への執着を無くすことが根本的修練なのです。徹底してあらゆる存在の実体を認めないことを教えています。『臨済録』から例を拾ってみますと、臨済禅師は修行僧たちに対して、常に外に向かって求めるな、と大喝していました。ある時、「外に向かって求めるなと言うと、次にお前たちは内に向かって求めているではないか」と言って呵責《かしゃく》されます。外を内に換えただけで、対象化して求めていることに変わりがないからです。

分け隔てしていないつもりでも、私たちは日々分別の世界に住んでいるのですから、いつ憍る心が呼び起こされるか分かりません。僅かでも心の中に妄分別が残っていれば悪口に及ぶことになると考えておくべきです。

このように自分の心を覗いてみれば、生活の中に謹慎篤実という心構えが如何に大切であるかを反省させられます。日常生活の上での「分別」という私たちの頭の中での作業は、生きていく上に必要なことですが、この分別の性質を学んで自在に使いきっていくことが大切でしょう。分別については次の不両舌戒の核心へとつながっています。

「迷悟のへだてなきことを信ずれば、自ずから憍慢の心なく、悪口を離るるじゃ」（【凡聖一如】）

この人間界は迷いの世界、苦の世界である、そう教えられて迷いを抜け出すために修行して真実を知ろうとします。迷いがあって悟りがある、これは私たちの普通の考え方で、苦悩と安楽は別物だと思っています。しかし、苦悩がなければ安楽ということも考えられません。同じように、生と死は別でも、生まれなければ死は存在しません。思考は論理的に考えようとしますので、この二つを頭の中で別々にします。しかし、実際の現象としては、実は分けた二つは同じところに存在しているのです。心理的な面で考えても、死を意識すればするほど、その対極の生が強くなります。生きようとすればするほど、死の恐怖が起こってきます。心の中でも生と死は同じ場所にあります。つまり、生への執着を本当に捨てきった時にこそ、死の恐怖から解放されると言えるのでしょう。

「この迷といい、悟ということ、物の表裏ある如く、日の昼夜ある如く、一仏性の中、仮に分別し説示するのみじゃ。賢聖は一仏性の中に於て、この世間常恒《じょうごう》に清浄《しょうじょう》無為《むい》じゃ。凡夫は一仏性の中に於て、この世間常恒に煩悩無明じゃ」（【迷悟一如】）

迷いも悟りも共に「一仏性の中」の出来事で、真実の世界にいながら分かれているのですが、これも縁によって仮にそのような状態を造り出しているのです。

また分別して一方のみを見ていることは、紙に表と裏がありながら表のみを見て裏の存在を忘れているようなものです。現実に裏は見えていないので必要がないかのようですが、しかし、裏がない表はないのです。表を取れば必ず裏が付いているものです。裏を無視するということは、表の存在の本質が欠けるということです。極端な場合には、裏がなければ表も全く存在価値を失います。現今の私たちには、この最も重要な視点が失われつつあります。良寛禅師の遺偈《ゆいげ》の和歌に、「裏をみせ表をみせて散るもみじ」とあります。咲く時も散る時も相反するものは共にあります。真実が見えていない時には片方だけを求めたくなります。道理全体が見えるようになると一切が共にあることが実感できるのでしょう。

さて、華厳の教学では道理（理）と自然界（事・物）とが一体であることを「理事不二《りじふに》」とあります。これも紙の表と裏の関係に譬えてよいでしょう。尊者はこのことを、

「物あり理あり」（『略語』）

と語られます。これを注解して、

「物ありとは、天に日月星辰の類、物体あるを云う」（『人略随』）

「この物あれば必ずその理そなわるなり。空中に理そなわることは、まず黄道赤道の違いなき、北斗の運動にて軍陣の勝負を窺《うかが》い、天文の出没のわけ、世の治乱を察するにて知るべし」（『人略随』）

理と物（事）と対立する二つが存在するわけではありませんが、理は必ず具象の物として現われています。このことは尊者の神道（雲伝神道《うんでんしんとう》）においても重要な思想です。この理と事を敢えて分けて説くとすれば、理の世界が無為を説く仏道であり、具象の有為（現実）を現わすのが神道であるとされています。しかしこれは不可分のものですから、

「理そなわれば物、自ずから具わる。生成して止まらず。これを蒼々たる長天、物あり理ありとす」（『神儒偶談』）

であって、この「蒼々たる長天」が高天原《たかまがはら》（神々の居所）であり、私たちの人間界の物理の基です。かつ高天原とは遥かに遠い世界ではなく、

「今日にあるじゃ。現前としてあるものじゃ」（『双垂』）

仏道も神道も、私たちの現実から決して遊離するものではありません。時間的な前後関係や古今の場所を超えて真実が常に顕われていることを説いています。

「蒼々たる長天うまれて我ともなる。しばらくも離るることなし。これを道のあるところとす」（『神道国歌』）

この道が天道であり、この道を知って、これに従うのが人の道です。ですから長天より「うまれて我」となって、すでに道を具足していることが仏道での仏性戒《ぶっしょうかい》ということであり、具体的にはそれが十善なのです。『神致要頌《しんちようしょう》』には、「人神本不二《じんしんもとふになり》」ともあります。

この有為と無為は本来一体のものですが、この有為の面に重きを置き、事相を重んじるのが密教です、仏教を実践するにおいても理（無為）と事（有為）との一致は難関です。これに関して、「神道の高き、道教儒教の及ぶところに非ず。その深意を得るにおいては、密教に入るに非ざればこれを知ることあたわず。以て知るべし。わが密教の最尊最上無比無等の教にて、有為無為諸法の決択《けっちゃく》、内外諸道の説相、皆これより明らかなることを」（『開会神道』）

逆に、存在（事）は理と共に在るのですが、現実に物が存在していることを現代の私たちは事の面からのみ見ています。その成立たらしめている理を忘れています。身近な譬えでは、「五穀も十七種の穀も、人趣《にんしゅ》福分の任持せる所にて、その種子《しゅし》朽敗《きゅうはい》せぬじゃ」（巻第五【天地の理と農耕】）

とあります。種（事）が存在していること自体が私たちの福分（理）であるという智慧を忘れているのが現代人です。物は、ただ物として存在しているのみと見るので、種の遺伝子を組み換えて人間の便利にするようになります。昨今では自然界には存在しない植物や食品を多く造り出しています。それが理に背くことであっても人間の欲の力を加えていくのです。そうすると、人間にとっての便利と引き換えに、私たちの心は、楽しみの反対の感情で支配されることになります。

これも自分自身の存在に引き当てて考えてみるとよいでしょう。自分を成り立たしめていて、そして日々意識せずとも身体をはたらかせている原理、この世界から生じた自分の身体のはたらきは、宇宙の原理と同じエネルギーで動いています。そうであるからこそ、この身体は世界に存在する物を容れて食し、この世界の空気を吸っても違和感がなく、朝に目を覚まし、夜は眠るのです。この理への自覚の欠如は足元を揺るがす結果となり、身心の不安定さを招きます。

本来の生まれぬままの心にて
千歳の紅葉万代の花　（『双竜大和上御歌』）

巻第七　不両舌戒《ふりょうぜつかい》

安永三年（一七七四）甲午二月九日、大衆に示す。

不両舌戒序説

師は説かれた。

今日は不両舌戒を説こう。この戒は平等を本性とし、和合の徳があるのである。友愛親好《ゆうあいしんこう》（親しみの情）の心で人と交わることがこの戒の趣旨である。菩薩は元来、友愛親好の心であるから、人々が友愛親好であることを喜ぶ。間違っても人の仲を裂くようなことはしない。だからこの不両舌戒がそのまま菩薩の本性なのである。この菩薩の本性の心を一部分でも具えているのが人間だ。もし、この心が大勢の人々に及ぶならば、その人は人民の主君となる徳があるのである。

この友愛親好ということを身近なことで言うならば、まずはこれが人としての道であるので、家庭では孝行となり、君主に仕えるに忠となり、郷里の仲間との交わりなど、全てが平穏となるのである。

この和合の徳を仏法の奥深いところから語るならば、この友愛親好の心があれば、縁起の現象から真実を悟ることになるのだ。外界に対する自己の心の本性が明らかになるのである。春には花が散り、秋には色づいた葉が落ちるのを見て無常の真実を悟る。仏説の一句・一偈《いちげ》を聞いただけで仏の悟りの境地に入る。なぜかといえば、いつでもどこにいても、平等・和合が本性であるから、真実と自己との差別がなく、全てが一つになり、悟りを開く基となるのだ。

両舌の実際

両舌というのは、律の経典に、「二者が争うように、他の者が仲たがいさせること」とある。およそ世の常として、卑俗な者の言葉は大袈裟だったり裏表があるものだ。このような言葉は耳にしないほうがよい。もし聞いたとしても心に留めるべきではない。聞いた言葉をあちらに伝え、あちらが言ったことをこちらに伝えたならば、必ず二人の親好を破って仲が悪くなるであろう。もし、今まで仲がよかった者同士が、自分が伝えたことで親好が破れるようなことがあれば、これを十悪業の中の第七である両舌とするのである。

他の口業との関連

この中で、まずはありのままを伝えて双方の仲を破るのが、不両舌戒を犯すということである。少しでもありのままでなければ、両舌に妄語を兼ねる罪となる。もし荒々しい言葉で言うならば、悪口を兼ねるし、言葉に飾りが混じるならば綺語を兼ねる。分析して言うならば、単独の罪と重複した罪とがあり、その種類は多いものだ。

友愛親好のすがた

友愛の徳は非常に広大であるから、これに反する両舌を犯して仲を裂くようなことは、大いに智恵がなく劣った行為である。友愛の徳は大変尊いものであるから、両舌の言葉は言語の行為の中で最も卑劣なことである。一般の者は、利益に走る心から両舌し、また、邪心のある家臣やへつらう者が他人の賢さをねたみ、才能を妨害しようとして両舌するのであるが、それはついに人を破滅させ、かつ自分をも壊滅し、家を亡ぼし国をつぶすに至る。

両舌は、人倫が卑劣とするところ、神が憎むところ、天命が許さぬところ、真実に背くところである。

この不両舌戒は、真実そのままが顕われ出たものであり、現在我々の目の前のさまざまな物事と違いはない。この友愛親好も天地の道であり、万物の心である。

みよ、天地の間に存在している人間界に、さまざまな事が起こり多くの物があるが、ある時はそれらは結合し、またある時には反発しあう。物は独立して存在せず、事は単独で成立することはない。互いにたすけ合い、それにふさわしい時と所を得て成立するのである。

和合の妙

仏法から言うならば、さまざまなものが常に適合しながら動いている。それはみな友愛の性質を持つ不両舌の趣なのだ。それを大いなるもので譬えると天地・陰陽、小さなものでは一草一木であるが、大小にかかわらずその趣に違いはない。

医者が薬の特性を論じるが、それぞれの成分が適合して効果を発揮することもあれば、逆に効果をなくしてしまうこともある。これをうまく用いてその効果を得るのである。また、書家が偏《へん》と旁《つくり》の法則を立てる、音楽家が音階を論じる、その他、全て同じ道理である。薬の処方も医聖と称された張仲景《ちょうちゅうけい》（後漢の医師）以来、名医の処方は妙があるということである。文字も名家の手跡は偏と旁の書法が格別だということである。音楽も音が和合しあえば聞く者に感応があるということである。

友愛から平等性へ

人間の思考（分別）による自と他の二者は、本来二つに分かれているものではない。友愛の心は真実と同じ性質のもので、一切の衆生に行き渡ったものだ。見るもの（能）と見られるもの（所）とは元来別物でない。凡夫と聖者とは元来一体のものである。修行と悟りとは元来別物ではない。このように全てに友愛の心を広めるならば平等性《びょうどうしょう》が成立する。初心の者が凡夫から修行を始めて、ついに真実と一つになって仏の境地に入るのは、この不両舌戒の徳である。その平等の中に迷いの心を起こすのは、例えば眼の病によって、空中にありもしない幻の華を見るようなものだ。

平等の本性

真実の世界は平等で空性《くうしょう》であるのに、そこに誤って自と他を造り出して分けて見る。しかし、いくら分けたとしてもそれらが本来平等であること、和合の徳であることは、隠すことができないものだ。よく見てみよ、自といえば他がすぐさまそこにすがたを顕わす。他は自に対してすぐさまそこにすがたを顕わすぞ。もし相対していなければ、本来、捉えるということすらない。仏が真実を説くことも、言葉に出せばそれはすでに相対の領域のものなのだ。

分別と平等

考えてもみよ、生死《しょうじ》（迷）に対して涅槃（悟）を説き、凡夫に対して聖者《しょうじゃ》と言い、煩悩を引き起こす無明《むみょう》（無知）に対して菩提（智慧）を説く。このように分けられたものが本来は平等であるという境地にまで至ったならば、迷いの本源に達した瞬間に悟りの境涯に入る。

世界の真実が分からず迷っているうちは、このような認識の主体と客体とが分かれて存在するのであるが、分けて認識されていようとも、その物自体は平等の本性、和合の徳を隠すことはできないのである。

能所と平等

さらに考えてみよ、ものを認識する主体の心といっても、認識される客体に対してこそ主体である。認識される客体の方は認識する心によって客体となるだけである。

心が起これば境（客体）が現われ、境が現われれば、それに対して憎愛の感情が生じる。もし、主観（能）と客観（所）との二つが存在する見所から離れるならば、物を捉えるということはないのだ。そもそも、仏法を論じること自体が相対的なことであろうが、この対立から離れた境地の者は、対立しながらも真実の根本を見るのだ。これが友愛の徳である。

生死界の平等

真実が見出せずに妄想の中で生きているので、生と死を繰り返す輪廻の中にいるのだ。この生《しょう》死《じ》の世界にも平等の本性、和合の徳は本来隠すことはできない。生は生だけで生とされるのではない。滅に対して仮に生を現じるのである。滅も滅だけで滅とされるのではない。生に対して滅という現象が顕われる。心がこの隠れたり顕われたりする二つを倶《とも》に捨てて超越すれば、捉えようとしても捉えようがないのが本当だ。全てのこの世の分別は、ただ相対的に見ているに過ぎないのだ。

無限に続く生死の世界では、内があれば外がある。一があれば二が生じる。この対立によって世の中の全ての事柄が入り混じり乱れ起こる。しかし、この全ての事柄は、対立したままでありながら平等の本性と和合の徳は隠せない。なぜかといえば、物事の根源は枝葉に至るまで貫き通っていて少しも違いがない。枝葉は根源と同じように成り立っており、どんな場所でも根源に出逢うからである。

今日、世間で人と交わって心に偏《かたよ》りがなく話をするならば、ただこの友愛親好の心が具わっていなければならない。一言発するにしても沈黙するにしても、人の道が行なわれるところ、神が守護するところ、天命のあるところ、真実にしたがうところである。道理としてそうなのだ。

法性《ほっしょう》に順《したが》う

馬を巧みに扱う者が馬の心を掴《つか》む。牛を放牧する者が牛の心を掴む。鳥を飼う者が鳥の心を掴む。魚を飼育する者が魚の心を掴む。また、自然界の物質の全てにわたって、それぞれの性質に順応することがこの戒の趣旨である。

夏《か》の国の禹王《うおう》が洪水を治める時は水の性質に従ったという。植木屋の名人である郭槖駝《かくたくだ》が樹を植える時には、ただ樹の性質を害することがないようにしたのだという。このようなことは全て人の道があるところ、神が守護するところ、天命のあるところ、真実に従うところである。

道と私意

世界には大小さまざまな物があるが、その全てに平等性《びょうどうしょう》という道が、欠けることなく存在している。このようなことは、ただ私欲におおわれている者が知らないばかりである。

言説・心念の超過

要するに、言葉に出さないところに言語の本来の徳は万全なのであり、思わないところに心の徳が具わるのだ。

どういうことかといえば、山は自分で山とは言わないし山と思ってもいない、山の徳はここで万全だ。海は自分で海とは言わないし海と思ってもいない。海の徳はここで万全なのだ。天は自分で天とは言わないし天と思ってもいない。地は自分で地とは言わないし地と思ってもいない。

天地の徳はここで万全なのである。しかし言わずとも、四季は巡り、多くの生命が誕生するのだ。眼は自分で眼とは言わないし眼と思ってもいない。眼の徳はここで万全なのだ。昔から今に至るまでこうなのだ。この徳は空虚なものではない。心が動けば必ず通じる。ものにはそれぞれ神霊が存在していて、常に人の行ないに応ずるのである。

この眼・耳・鼻・舌・身の徳は常に人間に付き添っているものの、この真実を知らずに迷ったり悟ったりする。苦となったり楽となったりする。

心（意）は自分で心とは言わないし心と思ってもいない。心の徳はここで万全なのだ。昔から今に至るまでそうなのだ。この徳は空虚なものではない。この心は物事の全ての主となり、迷いや悟りの基ともなる。

『大乗《だいじょう》起《き》信論《しんろん》』に、「存在する全てのものは、本来、言葉・文字に表現されたすがたを離れたものであり、心に映る対象のすがたをも離れたものであって、究極のところは分別を離れた平等一如の世界のものである。変化することも壊れることもない。それが心そのものでもあり、これを真如と名づける」とある。

また、『般舟三昧経《はんじゅざんまいきょう》』に、「心は自分では心とは自覚していない。もし心があると自覚するならば本当の心を見てはいない。心が何かを対象として考える時は迷いであり、対象的に考えることがなければ涅槃である」とある。

仏性縁起

仏性（全てに具わっている仏としての本性）は言葉や思いを離れていながら、しかも縁起し続ける。それは円のように始まりも終わりもなく活動するのだ。

このような縁起の現象の中に、本来の仏の本性を見出すべきである。例えば、澄み切って曇りがない鏡であるからこそありのままの顔を映しだす。逆に、ありのままが映るということによって、澄んだ曇りのない鏡（仏性）であることを知るようなことである。

眼根と物質

試みに、眼前の物に対して目をよく開いてみよ。はたして眼と外の物との二つが分かれてあるだろうか。自と他はどこにあるのか。この内と外、自と他、良し悪し、これらの対立するあり方はどこから起こるのか、その根本を見極めて仏性に達するのだ。

外の物と眼とは同じとも異なっているとも言えない。つまりものの真のすがたは、凡夫と聖者という二者のすがたもなく、迷いと悟りという区別もなく、言葉で表現できるものでもなく、思いの対象としての形もない。これを不両舌戒の根本の趣意とするのである。

意根と法

心で物事を判断する時に、心と思考の対象とは二つに分かれてあるか。どこから分かれて発するのであるか。物事の善悪・邪正、是非・得失という判断は、本来どこに存在するのであるか。この心と思考の対象、自他、善悪・邪正、是非・得失とをよく見極めて仏性に達する。

全ての善悪・邪正、是非・得失と心とは同じとも異なっているとも言えない。つまりものの真のすがたは、凡夫と聖者と分かれず、迷いと悟りの区別もなく、言葉で表現できるものでもなく、思いの対象でもない。これを不両舌戒の根本の趣意とするのである。

真の修行

仏教には顕教と密教の教えがあるが、何れに対してもただ深い信心のもとに修行する者のみがその真実の趣を知るのである。行動にも移さずにその説を聞いただけで道を得るものではない。

例えば、高い山に登ろうとすれば道に迷わないように、足に怪我をしないようにして、ただ一歩一歩と歩を移すだけでよいのだ。歩いて休むことがなければ山頂を窮める時が必ず来る。今時の修行者が法を得ることがないのは、ただ教義の深浅や宗派の高下を論争するばかりで、実際に修行しないからである。それは、高山に登ろうとして山の麓にいながら、山頂のすぐれた景色を語り、一歩も歩かずに山道の曲折の様子を論じているだけである。そのようなことでは論じているうちに日が暮れてしまうぞ。そうやって一生を無駄に過ごすのである。

不両舌戒の顕現

この十善戒の中で、不両舌戒の相が世間に顕われているのは面白いことである。経典の中に、物質の究極を極微《ごくみ》と説いているが、この極微の二つが融合して万物が生じていくという。心が極まるところは一念で、この特定の形をもたない一念が続いて心となるということである。

心は自《みずか》ら心と意識することはなく、物事に対した時に是非・得失の分別をすることで、心として存在するのである。心に対する物もそれだけで物なのではない。心がその物の変化を捉える通りにそこに存在するだけである。仮に、人間の業によって人間の世界が出現しているだけなのだ。物にしたがって真実の道が顕われ、境涯の通りに智慧が生じる。そのようなことも友愛親好の徳でないことはない。

あるべきすがたと十善

この十善の道とは、万物がそれぞれ自然に生育するところの道なのである。自分が作為的に育てることではない。それは、どんな人であろうと、個々人がそれぞれのあるべきところを得るということである。自分がそのあるべきところを考えて作り出すのではない。このような無為の境地に至ると、全てのものが自分の心のはたらきの中にあるので無関係なものなどはない。多くの人々も自分の心の中の存在となって無関係な人などはいない。

物にはそれぞれに長所があって、用い方によって意味のないものはない。また、それぞれに短所があって、事によってうまく運ばないことがあるのが世間の普通のありさまである。長と短とがある、そのあるがままの様子が、この不両舌という戒の趣なのである。

例えば、鳥は空を飛んで水に入ることはできず、魚は水の中で泳いで陸地には上れないようなことである。面白いことである。

この身には限りがある、智恵にも限りがあって、一人に全ての能力が具わっていないところに天道・人理がある。自分一人の智恵で全てのことが解決できると思うのは道理を知らぬからだ。

生来の業因縁

経典の中に次のようなことが示されている。

釈尊在世のころであるが、染め物師の子が舎利弗尊者《しゃりほっそんじゃ》の弟子となった。尊者はこの子に数息《すそく》観《かん》（自分の息を数えることに集中する観想法）を教えたが、修行して年月がたっても悟るところがなかった。また、鍛冶屋の子が舎利弗尊者の弟子となった。尊者はこの子に不浄観《ふじょうかん》（肉体が不浄であることを観想する法）を教えたが、これも修行して年月がたっても悟るところがない。舎利弗尊者はこのことを釈尊に申し上げた。釈尊は答えられた。「舎利弗よ、法を授けるのにその人の根本的な素質とは違ったことを授けているのではないか。染色家の子が不浄観を修行し、鍛冶屋の子が数息観を修行すべきであろう」と。これによって二人の子が仏の仰せの通りに修行すれば、しばらくして悟りの境地に至ったとある。

このようなことからも考えてみよ。業の因縁があるからこそ染色家の子として生まれ、汚れを除いてこれまでの年月を送ってきたのだ。しかし出家の道に入っても本来の縁は続いていくのである。そこで、なぜ不浄観を修することによって道を達成することができたのか、という事実をよく考えるべきである。

業の因縁があるからこそ鍛冶屋の子供として生まれ、ふいごと共にこれまでの年月を送ってきたのだ。しかし出家の道に入っても本来の縁は続いていくのである。そこで、なぜ数息観を修することによって道を達成することができたのか、という事実をよく考えるべきである。

また『修行道地経《しゅぎょうどうじきょう》』の中に、「禅定《ぜんじょう》を指導する者で、他人の心を観ることができるならば自ら禅定に入り、その人の根本的な因縁を観て、それに応じた修行法を授けよ。もし他人の心を観ることができなければ、その人のすがたかたちや振る舞いから察して、どのような煩悩があるかを見極めた上で法を授けよ」と。

悟りと因縁

婬欲が多い者は不浄観を修行して道に入るのがよい。瞋恚が多い者は、慈悲観（一切の衆生に対して慈悲を観じていく法）を修行すべきである。

見よ、このように因縁があって今のこの身体があるのである。身体は心を現わしたものである。この身体と心があって法がつき従う。面白いことである。

経典の中で、釈尊が常に仰せになったことは、「阿難は精進し過ぎてかえって道をさまたげる」と。仏滅後に、大迦葉尊者《だいかしょうそんじゃ》が阿難を叱ったことがあり、それで阿難は勇ましく禅定に励んだけれども道を得ることができなかった。その時、釈尊の日ごろの教えを思い出し、少し休息するために眠ろうとして、床から足が離れて頭が枕に着こうとした矢先に無学果《むがくか》（もはや学ぶことがない境地）を得たとある。

見よ、薬がかえって病となり、修行がかえって障碍《さしさわり》となることがあるのだ。薬を止めて病が消えることもある。修行を一旦中断すると障碍もなくなる。このようなことも面白いことである。

女性である痩瞿曇彌《しゅうくどんみ》（マハー・プラジャーパティー＝釈尊の叔母・養母）は、多くの苦悩に遇いながらも悟ったとある。業報因縁は身心の苦悩のもととなるが、しかしこの苦悩が法を得る因縁ともなるのだ。このようないきさつも面白いものである。蓮華色尼《れんげしきに》は目連尊者に出会ったことで仏門に入った。後に尼僧の中で神通第一といわれるほどの徳を顕わすに至ったという類は、宿業《しゅくごう》による出会いだったからだ。この出会った人の縁によって修行が達成されていく。全て因縁が結び合って成立するものであり、これは留めようとしても留められぬところなのである。

要するに、生から死に至るまで、常に真実を悟る機会があるということだ。自然界の天文・地理、一切の人間の行動、禽獣・草木に至るまで、全て真実そのものの現われである。縁のあるところは真実のあるところ、真実のあるところは道を得るところなのである。

無常の徹底

今の時代のように、仏がこの世におられない末世に生まれ、師もなくて縁起の理を悟る境地は大いに深遠であるが、目の前の花や実が無常であることは今日の者でも見れば分かることだ。全ての物が永遠には存在しないことも理解しようとすれば理解できる。ただ、それに徹しないからいつまでたっても凡夫の境地にいるのだ。もし、この無常ということを細かく思惟するならば、誰もが仏の境地に入ることも遠くはないであろう。

果報の楽しみ

この心が永遠に絶えることなく続いていくことは楽しむべきことである。ひとたび言ったことが消失しないのは、楽しむべきことである。このような善悪の行ないによる報いである苦楽・昇沈という結果は、全て自分の心から生じたものである。このようなことは全て楽しむべきことである。

慈雲尊者筆「不識」

【解説】

「両」とは対立する二つのことを意味します。前巻では、妄分別によって対立した世界を見ることが迷いとなることを学びました。ここではその対立するものの二者を「両」と表現しているのですが、本巻では、さらにその対立を超え、個々に存在するものの和合を考えることがテーマです。

「この戒は平等性《びょうどうしょう》じゃ。和合の徳じゃ。人に交わりて友愛親好の心あるが、この戒の趣じゃ」(【不両舌戒序説】)

まず戒として制していることは、人と人との間を裂くようなことを言わない、ということです。「離間語《りけんご》」とも言いますが、言葉だけではなく、二者の仲を裂くような行動をとってもこの戒を犯すことになります。

不両舌戒の基となる「平等性」、「和合」を問うことは、自己と自己以外のものとの関係性を探ることです。平等という言葉は現実の社会においても頻繁に使われますが、実際の生活では、物と物、自己と他人、人と人に対して一様に等しく対応できるものではありません。これまでにも、空の同義としての平等を述べてきましたが、では実際にはどのように等しくあることが本来の平等なのでしょうか。まずは尊者の平等観をあげてみます。

「平等ということを、山を崩《くず》し谷を塡《うず》みて一様にすることのように思うは、愚痴《ぐち》の至りじゃ。窮屈過ぎたことじゃ」（巻二【世間の仏法への批判】）

この法語は、仏教は平等を本意とするので虫と父母とを同じ扱いにすることになるではないか、という仏教に対する批判への返答です。この具体的な尊者の応答は、現代でもさまざまな分野で論点となっている平等の概念を正しい方向へと導くものです。一切のものが画一的ではなく、個々の個性を認め、存在そのものの本来のあり方を見ていけば、自然にここに示される平等観に行き着かざるを得ません。さらに、

「山は高くして平等じゃ。海は深くして平等じゃ。山を崩して谷を埋むるような平等では役に立たぬじゃ」（『金般若』）

前文の「窮屈過ぎたこと」とは、ゆとりがなく固い考えだということで、平等という本性が理解されていないので、実質的には「役に立たぬ」ことになります。宗教とは、いま、ここ、において実際に役立つものでなくてはなりません。

仏教でも、平等の対義語は差別《しゃべつ》ですが、現代人が使う差別とは意味が異なり、区別を意味しているところに智慧が反映しています。

この不両舌戒の和合・平等とは、個々のどのような存在であろうとも、独自の性質をもって存在していることを認めることです。『論語』の「和而不同《わしてどうぜず》」（調和するが雷同しない）ということは、人間の相互関係だけではなく、物と物との関係においても通じるものです。

「平等都盧《とろ》一にあらず。山は高きを改めずして平等なり。谷はくぼかなるをそのままに平等

なり」（『人道』二）

私たちの思考は対立するばかりです。大小・寒暖・男女・高低・内外・自他……私たちに見えている世界の状況は対立の場のみです。しかしこの対立している二者は共在していながら、絶対的に対立しているものではありません。ところが私たちは、

「彼もなく此《これ》もなき一切平等なる場所に、そこにはへきりを拵《こしら》え、ここにはへだてを設けて、自ら窮屈に入るじゃ」（巻第一【不殺生戒結語】）

その平等の世界の中に差別を見るのは私たちの心です。そういう元来必要ない壁を敢えて心の中に造っています。しかし、現実には眼前のものがそれぞれ違う形として見えているので、つい個々それぞれを絶対のものと見てしまいます。これは私たち人間の普通の意識です。仏教的に物や世間の事象を観ていくということは、その現われたすがたの本性を見据えることです。そこで、私たちが日常の立場で学んでいく方法としては、

「縁にふれて法を得る。境《きょう》に対して自心《じしん》を明らかにする。飛花落葉《ひけらくよう》に無師自覚する。一句一偈《げ》の中に無漏聖位《むろしょうい》に入る。一切時一切処、みな自心と相応して、無上正覚《しょうがく》の基本たるじゃ」（【不両舌戒序説】）

というような観察眼が必要です。仏教には真実に至るための方法はさまざまに説かれています。その中の一つは、この言葉のように、「縁に触れて」・「境に対して」・「飛花落葉に」・「一句一偈の中に」とあるように、周囲にある私以外の物をきっかけにして、それらと「自心と相応」（心と外界との二つの存在を認めた上での一体化）することによって真実を悟る方法が一つ。もう一

つは、

「この心平等なり。万法《まんぼう》を容《い》れて障礙《しょうげ》せぬ。この身平等なり。四大《しだい》を集めて隔歴《きゃくりゃく》なし」（巻第九【心身と不瞋恚戒】）

というように、最初から自他を分けることを徹底的に捨てさせようとする方法です。仮に私たちの身近にある仏教で言うなら、前者は密教や浄土系の修行方法であり、後者は禅に相当します。前者は私たちの通常の意識である分別を否定しない状態から平等へと転じさせていきます。もちろん、平等の世界から仏が衆生を導く方便としてこの方法を採るわけです。

具体的には、密教にはさまざまな仏があり、その仏と一体となっていくこと（瑜伽《ゆが》）を修法の目的とします。浄土系では阿弥陀仏を立てて、仏に念仏を称え、自己と念仏と仏とが一つになっていくわけです。このように、自己と仏が分かれているところからの修行です。しかし後者の禅では、例えば『臨済録』において道破されるように、

「三乗十二分教も、皆これ不浄を拭うの故紙《こし》なり。仏はこれ幻化の身」

「仏を取らず、菩薩羅漢を取らず、三界の殊勝を取らず。逈然《けいねん》独脱して、物と拘《かかわ》らず」

「仏に逢うては仏を殺し、祖に逢うては祖を殺し、羅漢に逢うては羅漢を殺し」

などと、これらの言句は枚挙にいとまがないほどです。徹底して私たちの差別の概念を打ち壊すものです。慈雲尊者は密教の法脈の方ですが、禅にも通じておられますので、この両面を使い分けて説かれています。例えば、

「仏というすがたの現われたのは、仏の糟《かす》じゃ。打殺《うちころ》して実の仏を見ねばならぬ」（『金般若』）

このような表現は密教からは出ないものです。私の印象としては、禅は大海に飛び込んで海底まで進み、法の根源を体得する方法であり、密教は大海に入る前の準備運動、そして海中での手足の使い方まで学んだ上で海に入るようなものだと感じています。しかし、いずれにしても絶対平等の見地からの垂手《すいしゅ》ですから結果は同じです。つまり、自己と他との平等とは、全てが「自心と相応」した境涯から観えてくるものなのです。

次に、たとえ平等の境涯に至ったとしても、それ以上に肝要なことは、平等の境涯のままで現実の差別界（個々がそれぞれの特質を現わしたまま存在している）の中で生きていくという宿題があることです。

「空無相《くうむそう》は合点したようでも、差別《しゃべつ》の境界は甚だ会《え》し難《がた》い。纔《わず》かに差別に転ずると諸法は真暗闇になって知れぬ。涅槃智《ねはんち》は明らめ易く差別智《しゃべっち》は明らめ難しとあるが、差別智が明らかになければ涅槃智も明らかなとは云われぬ」（『法語集』華蔵世界品垂示）

「合点したようでも」とあるのは、つまり、悟ったと思っていても、現実の差別界にありながら空を全うできなければ、空・平等・和合という境地を本当には会得しているとは言えないということです。

宋時代から伝わる十牛図という十枚の絵があります。これは真の自己を見出していく過程を順に描いたものです。その八枚目に至っては絶対無を表わす円相のみが描かれています。しかし、これで究極ではなく、次の画には自然が描かれ、最後の十枚目には人と交流する生活が描かれています。絶対無の境地から再び自己と関係性のある外界へと還っていくところにこそ究極を観るのです。

「差別のない平等は、平等病に取り着かれたものどもじゃ。差別のある場に向かって平等なるじゃ」（『金般若』）

「平等病」というのは面白い言葉です。『維摩経』には空病《くうびょう》（空にとらわれること）という言葉もあります。絶対平等の境地すら私たち凡夫は容易に至ることができませんが、せめて「平等病」に罹らないようにしなければなりません。それには、社会生活の中でも他人と比較することなく自分のあるべきすがたを知って、その中で精いっぱいに行動することが大切でしょう。何事でも自分一人で事を終わらせようとして、他人と協力せずにいることは別の意味で強欲の現われで、他の人の分野を侵すことになります。そして、特に人の上に立つ立場の人は、一人一人の長所をよく把握して適材適所に配し、その人がその人なりの能力を十分に発揮できるよう環境整備に心がけてあげることが十善の道であると尊者も説かれています。このようなことがそれぞれの個としての存在を全くすることに結びつくのです。

「天地みな分界あり。万物各々主ある。守ればこの処に福智生ずる。侵せばこの処に罪累《ざいるい》起こる」（【不邪婬の五つの果報】）

「分界」とは、それぞれの領域です。不偸盗戒でも「分斉」ということが根本にありました。仏菩薩のような真実の人がこの世界を眺めてみれば、

「天地も和合の儀《よそおい》なり。人倫も和合のすがたなり」（『人道随』）

という趣なのです。その円満な仏の境地の深さを語る法語に、

「一切衆生元来大解脱海《だいげだつかい》じゃ。自他をいうべからず。一異《いちい》をいうべからず。一《いっ》というも世間《せけん》妄想《もうぞう》・言句文字《ごんくもんじ》の差排《さはい》じゃ。異《い》というも世間妄想・言句文字の差排じゃ。この中しばらく名づけて平等と説く。この平等性《びょうどうしょう》の中、業に随って自身を観る。他身を観る。自他分かるれば境《きょう》に差別《しゃべつ》ある」（巻第一【殺生戒の犯相】）

教義では、差別と平等を並べて説きますが、「しばらく名づけて平等と説く」というように、仮に、平等という言葉を使っているだけだとあります。大解脱海という真実の世界には、差別も平等もないのですが、私たちの見る現象世界と平等・空の世界のしくみを説明するためには、どうしても平等という言葉を使わねばなりません。しかし、本来の平等とは、差別の対極としての平等ではありません。差別と平等を対立させるならば、これもまた分別の世界に堕ちてしまいます。その分別も「業に随って」いて、個々人の分別の内容も違っています。同じ世界を見ている人は一人もいません。善と悪を並べれば、これも対立ですから、十善の「善」にしても、

「今日の善悪の善ではない。平等にして、無高下所《こうげなきところ》の善じゃ。善悪共に大約《おったば》ねた所の名じゃ」（『金般若』）

善悪ということも、仮に善と悪とに分けて説いたものであって、道に順ずる時には善悪はないのです。これは『スッタニパータ』でも、

「安らぎに帰《き》して、善悪を捨て去り、塵を離れ、この世とかの世とを知り、生と死とを超越

した人、――このような人がまさにその故に〈道の人〉と呼ばれる」（『Sn.』五二〇）

道徳・倫理が打ち出すのは理想的な善のみです。しかし、私たちの現実は善悪共に満ちています。善のみでなく共にある悪をどう捉えるか、ということになれば、対立を超えた仏法からは一方的な悪は存在しません。私たちが分けて考えていることは、全て本来は対立のないところなのです。善は善、悪は悪、悟りは悟り、迷いは迷い、それが歴然としていながら、相対する二者は異なる別の場所にあるのではないのです。対立していることは、私たちの思惟の虚構によるのですから、それらが平等であるということは、この世界のどの一つを取っても、あらゆる物がその中に存在しているということです。微小な粉塵の中にも世界の理が貫通していて、宇宙から見れば小さな一人の人間の存在でも、その理は同じです。それは人間をはじめとする小さな動物や物に対しても尊重の心を失わないことにつながり、巻第一の不殺生の原点でもあります。

尊者の雲伝神道での見解では、

「素戔嗚尊《すさのおのみこと》の悪はやはり悪と見るがよい。天地の間にはこの善悪ともに備わると見るべし。その悪の中に善あり、また善の中に悪ありと見るが至って広きじゃ」（『双垂』）

神の世界は天照皇大神と素戔嗚尊がともにあるところに開ける世界です。一方の悪を除くことで理想的な世界になるのではないことを物語っています。

「善悪相よる、誠に天の道なり。世界の法として善あり悪あり。麁相《そそう》に料簡《りょうけん》せば、善のみにして悪なくば、世は清浄《しょうじょう》無為《むい》なるべきと思うべけれども、世界の法、法として然《しか》らず。善ある処に悪あり。この悪によりてその善あらわる。悪ある処必ず善あり。この善によりて悪の作すまじきを知る。この善悪万国に推し通じて道となり、古今におし通じて人天を利益す」（『神儒偶談』）

ですから、一方的な軍事力によって世界を平和にするということは非常に難しいと考えてよいでしょう。それは理に順じたものではないので、一時的な紛争の解決にしかなりません。仏教の理想では転輪聖王《てんりんじょうおう》が法によって世界を統一するとあります。

「もしもかれが、〈転輪王〉として家にとどまるならば、この大地を征服するであろう。刑罰によらず、武器によらず、法によって統治する」（『Sn.』一〇〇二）

転輪王の統治が何を意味しているかといえば、「法によって統治する」という法とは、平等の法ですから、その中では対立の起こりようがないのです。これが本来の和合で、不両舌戒が全うされたすがたyou といえます。人類は武器を捨て、この絶対平等の世界に進まなくてはならないと仏教は教えています。

普通私たちは差別と平等のどちらかの選択の世界で生きています。私たちの普通の思考は、どこまでも分別の域を出ないので、その中でどれほど正しい平等の理論を唱えたところで、必ず平等という一方的立場に立つことになるのです。

「かれらは、妄想分別をなすことなく、（いずれか一つの偏見を）特に重んずるということもない。かれらは、諸々の教義のいずれかをも受け入れることもない。バラモンは戒律や道徳によって導かれることもない。このような人は、彼岸に達して、もはや還《かえ》ってこな

い」（『Sn.』八〇三）

わずかでも一方的立場に立つならば差別のレベルにあることになります。その対立する二者（両）の壁を超えよ（中道）と仏教は説いています。

「好ましいものも、好ましくないものも、ともに捨てて、何ものにも執着せず、こだわらず、諸々の束縛から離脱しているならば、かれは正しく世の中を遍歴するであろう」（『Sn.』三六三）

しかし、超越するからといって、別の異次元の世界に行くのではなく、やはりこの場所にいて、この父母からいただいた肉体のままで、そして、現在に、真実の世界を自覚せよ、というのです。これが真の和の世界であり、それが不両舌の根本義なのです。

みる色《しき》の来処なければ去処もなし
不生不滅の我ならずして　（『慈雲尊者御詠草』他）

巻第八　不貪欲戒《ふとんよくかい》

安永三年（一七七四）甲午二月二十三日、大衆に示す。

不貪欲戒序説

師は説かれた。

第八の不貪欲戒も持《たも》たなければならないことである。この戒に随う者は、夜も昼も心が安らかである。家にいても旅をしていても安らかである。それに無病長寿である。独りで生活しても世間と交わっても悩みや災いがない。この戒を持つことによって、煩悩が消滅した悟りを得る因縁となるのである。

経典の中で、貪《とん》（貪欲＝むさぼり）・瞋《じん》（瞋恚《しんに》＝いかり）・痴《ち》（愚痴＝おろかさ）を三根《さんこん》、または三毒《さんどく》と名付けている。また、貪・瞋・邪見を三道《さんどう》と名付けている。十善戒の中の最後の三つの戒（不貪欲戒・不瞋恚戒・不邪見戒）は、これを制したものである。

古くからの解釈では、境《きょう》（感覚や意識の対象）に心がとらわれることを貪と名付け、怒ることを瞋と名付け、道理を知らずに迷っていることを痴と名付けたという。また、誤って捉えたことに固執し道理に反することを「邪《じゃ》」と名付け、間違った心で推測して考えることを「見《けん》」と説くという。

今、ここで貪欲というのは、境に執着して求め続けることをいう。この境が、実体がなく幻であることを知り、これを求める心がないことを不貪欲というのである。これにも規制があり、それに随って不貪欲を守ることを不貪欲戒という。

貪欲とは何か

世間には凡夫《ぼんぷ》と聖者がいる。この二者がないとは言えない。凡夫とは貪欲がある者をいうのである。貪欲がそのまま凡夫の心である。聖者とは貪欲がない人のことである。不貪欲がそのまま聖者の心である。

人間の小さな身体が特別に金色の光を放たなくても、胸に卍の吉祥の文字が現われなくても、この貪欲さえなければ誰もが生まれついた顔かたちのままで聖者である。たとえ身体に解脱の象徴である袈裟を着けても、手に人間界・天上界の人々から供養を受けるに値する鉢を持っていても、心に貪欲があるならば、これを底下《ていげ》の凡夫というのだ。

貪欲と凡夫

仏が説かれたことに、「結使《けっし》を心に抱いていれば袈裟を着けるのにふさわしくない」とある。結使とは貪欲や瞋恚のことである。この貪欲などが心を縛り、身体と心とを使い回すので結使と名付けるのだ。なぜ貪欲を凡夫心と名付けるかといえば、貪欲は必ず苦と相応するからである。欲があるところが苦でないことはない。貪欲があるので身体も心も苦しむのであり、このように常に心が安定していない者を俗に浅ましい凡夫というのだ。

『論語』でも孔子が、「私はまだ剛者（強い人間）を見たことがない」と言っている。これに対してある人が、「門人の中では申棖《しんとう》は強い人ではないでしょうか」と聞くと、孔子は「棖は欲がある、どうして強いと言えようか」と答えている。これなのだ。もし心に世俗の欲があれば、勇者も勇を失うし、智者も智を失うのだ。世間でも剛者という名を付けることは許されない。仏法では凡夫という名を与えるべきである。

貪欲は苦に帰す

『法華経』の中に、「一切の苦は貪欲を根本とする」とある。貪欲の心で物を見れば、五色《ごしき》（青・黄・赤・白・黒）がみな苦となる。貪欲の心で音を聞けば、五声（宮《きゅう》・声《しょう》・角《かく》・徴《ち》・羽《う》の音階）がみな苦となる。貪欲があれば、鼻からの香り、舌での味わい、身体で触れる感触の全てが苦である。貪欲の心で世間に住めば、男であっても女であっても、大人でも子供でも全てが苦である。お金も地位も、みな苦である。いつでもどこでも、全てが凡夫の世界である。

不飲酒と十善

仏教の戒には多くの種類があり、初めて仏門に入った男子を優婆塞《うばそく》といい、女子を優婆夷《うばい》というが、この者たちはまず五戒（不殺生・不偸盗《ふちゅうとう》・不邪婬・不妄語・不飲酒《ふおんじゅ》）を持《たも》つのである。その五戒の中には飲酒戒を制しているが、十善戒には飲酒戒を制していない。なぜか。それは、十善戒は在家の戒と出家の戒と共通の戒であるから、飲酒を取り上げていないのだ。初めて仏門に入った者も、清浄《しょうじょう》な仏法に順ずるのである。この飲酒は煩悩を起こす基となるので制しなければならない。

十善を行ずる人でも儀式においては、時には酒を用いることがあるが、過度に飲用することはない。もし、過ぎて威儀を乱すようなことがあれば、この不貪欲戒を破ることになるのだ。

天地は不貪欲のすがた

正しい仏法の見地からするならば、天地も全く不貪欲戒のすがたである。太陽も昼を過ぎれば傾くし、月は満ちれば欠ける。盛んな物は必ず衰える。草木も花が美しいものは実が美しくない。動物でも角があれば牙はない。宝石を多く産出する国は必ず穀物や衣服には乏しい。雪が多い国では暴風は少ないということである。

人はみな不貪欲のすがた

人間もまったく不貪欲戒のすがただ。生まれる時は一人で生まれてくる。付き人がいて生まれてくる者はいない。着る物や食べる物、玩具を持って生まれる者もない。死ぬ時も一人で死んでいく。家来を連れて死ぬ者もいない。着る物や食べる物、玩具を持ち去って死ぬ者もいない。考えてみれば面白いことだ。

独りで生まれて独りで死んで、従者や着る物も食べ物も持たないということは、動物のように福徳がなくて生まれるからではない。この人間界では福徳にも多少の個人差があるけれども、人間のすがたそのものが不貪欲戒の現われであることは誰でも同じなのである。

大金持ちでも、生まれる時は一銭さえ持ってこないし、死ぬ時には一銭さえも持っていくことはない。これも不貪欲戒のすがたである。

勇ましく烈しい武士でも、生まれる時も死ぬ時もその力はない。これも不貪欲戒のすがたである。巧みな謀りごとをする知恵者でも、生と死が何たるかを知るわけでもない。これも不貪欲戒のすがたである。

無欲の生活をするというのも欲が深くてけちなのではない。もしそうならば、それはむしろ貪欲であり、かえって自分の善の果報を減らし、そこに貧乏神が集まり、成ることも成らぬようになるのだ。

天地の心と不貪欲

要するに、この世で不貪欲戒を持つ者は、天地の心を自分の心とするのである。天が与えるものであれば万の兵馬でも辞退せず、天が惜しむならば一草一木でも取ることがない。天が施すものは天の施しのままにいただく。その恵みは万民に及ぶ。天が収めるものは天が収めるままに従う。宝石は山や海に置いておき、生活道具を国中に行き渡らせる。地位や名誉は常に保って、むやみに人に与えたりしない。貨幣は万民に用いられて流通するものである。

不貪欲の生活

奢《おご》りは自分にとって良い結果をもたらさないことを知る。そこで欲を減らした上にもさらに減らす。腹が減って食べれば、どのようなものでも口に美味しい。疲れて眠れば睡眠は常に安らかだ。

華やかさは本来の心を失わせる。素朴であればあるほどよい。生活の道具や衣服の飾りを省く。巧みな言葉遣いでなく素直に話す。立ち居振る舞いも派手にしないで慎ましくする。自分の能力に相応しい地位で満足し、財産も天命のままでよい。

この世の楽しみは、季節ごとに、また、昼も夜も常に具わっているものだ。例えば、さわやかで清らかな夜には夜空を仰ぎ、名月や多くの星を見ることができるが、このような荘厳《しょうごん》は金銀や宝石の美しさなども及ぶものではない。また、夕焼けの雲が空に浮かんでいるのを見るのも、霧がうっすらと林をおおっている景色などを見ても、このような荘厳は美しい錦《にしき》の織物や薄い絹織物でさえも及ぶものではない。このような景色も不貪欲の相として眺め、この不貪欲戒を心とすることは趣のあることではないか。

不貪欲戒と世間の道

古今の経典が伝えることとや、孔子や老子などの教えも、全て不貪欲戒にかなったものである。『詩経』の「唐風《とうふう》」の中に、「楽しみを好んでもそれに溺れてはいけない。善良な者はつつましく礼儀正しい」とある。俗世間のあり方としては楽しみを好んでもよいが、楽しみだけに時を費やすのは愚かなことである。踊りや音楽、能や狂言、茶道や香道など、種々の遊びごとは好めば好むにしたがって味わいが出てくる。そして巧妙になる。これを荒《すさむ》という。この味わいが生じて技巧を追求するばかりになれば、正しい筋道からはずれてしまうのだ。

美への貪欲

また、老子の言葉に、「美好なる者は不祥の器なり」（みめ麗《うるわ》しい者は不吉な人である）とある。こうである。美しい者は、昔から今に至るまで、生きとし生けるものの全てが、それによって道をそこない、徳を亡ぼすことが多いものだ。この美は、天より与えられた徳であるのになぜ不吉のものなのか。ここをよく考えてみよ。

この美を人が見て貪欲を起こす。これを我が物にしようとすれば欲深く物惜しみすることになる。どうかすると、わがままで奢る心を起こす基となる。それが激しくなると心が混乱して苦しむ。身を亡ぼし国をも乱すことになる。要約して言うならば、みめ麗しい者には災いが付いてまわる。その中でもただ慎みを持つ人だけが、その美しさの徳を全うするのである。

譬えて言うならば、花をいとおしんで、梅が白い雪の中で花開いているのを楽しむのもよいであろう。桜を庭に植えるのも山の中に花見に出掛けるのもよいであろう。しかし、美しい花をつける木が昔から庭にあるからといって、それを掘って棄てるまでの必要はない。

春の寒さの中で花が咲くのが遅いことを残念に思う。風が急に吹いて花が散ってしまうのを惜しむ。このような風流人の一つの面白みは許されることである。しかし、もし他人の家の庭の植木を奪ったり、財産をなげうって苦労してまで美を求めてやまないことなどに至るならば、そこには災いが隠れているものである。

容貌への貪欲

人の顔立ちもこれと同じである。男女を問わず、普通より勝っているのは、ともかく不吉の人である。といっても、従者の中にすがたが麗しい者があるのを放り出せというのではない。それは道から外れることだ。何事も控えめの上にもさらに控えめにすれば、天道にも人道にも背かないということである。

また、自身の容貌が勝れているならば、なお慎みが必要である。これも男子の威厳と女子のつややかさは天の与えた一つの徳であるから、慎みを保っていれば天命もそこにおさまる。人望もそこに集まる。一生その徳を全うすべきである。もし慎みを守ることをおろそかにしたならば不吉のものとなる。普通の人よりも危ういことなのだ。

才能への貪欲

知恵や芸の才能もこれと同じように、天が与えた一つの徳である。この徳もまた災いのついてまわるところである。これについても自他を問わず、その知恵や才能を棄てよというのではない。

その才能を慎み守ることを知るべきなのである。詩人や文人などの多くが追放されたり、芸の才能によって生きる者たちは貧窮することが多いが、それもみな面白いものだ。

福と災の兆

功績もないのに報酬があったり、徳が薄いのに位が高かったり、思いもかけず利益があったり、身分以上に賞賛を得たりするようなことは、全て智恵のある者が用心するところである。このような不相応な俸給や地位は、寿命を減らすか親族をなくすかである。また、利益には必ず災いが潜んでおり、賞賛は非難を受ける兆しである。もし用心していながら災難に遭ったならば、それは福徳の基となる。他人に十分に施しをしても怨まれることもあるが、それは必ず人望が集まってくる基である。

応分に生きる

心に思ったことが自分にとって分不相応なことであれば、多くの場合は不吉の兆しということだ。もしそれが貪欲の思いであれば不貪欲戒を犯すことになる。その思いが大きくなれば身を亡ぼし国に被害を与えることになる。この不相応な思いが起こった初めの段階で過ちに気付いて用心しておかなければ、終には救いがたいところにまで至ってしまう。

貪欲による禍の兆

おおよそいつもと違った思いが生じる時には、自分で省みて、その思いが道理として正しいか間違っているかを判断するのがよい。もし、正しい思いで道を求めようとするならば、格別のことである。しかし、その他の私欲に通じる思いは、すみやかに制すべきである。これを制する道が不貪欲戒にあるのである。

十分を求めず

富があればそれを保つことは大切なことである。むやみに使えば、自分の徳をそこなうことを知るべきだ。利益を民のために積んで、祭りの道具や武器を国のために備える。橋を造ったり、町や神社・仏閣など、その折々に国中を整えていくのである。出家僧の規定では、資産は三宝（仏・法・僧）に属するものとして、個人で蓄積をしないというのがこれである。

よくこの不貪欲戒を持《たも》つ者は、住居に十分満足するほどの安らぎを求めない。病の時も医者に十分な効力を求めない。人に交わる時も、十分に満足な親交を求めない。家来を使うにも、人それぞれの長所を活かす。道具類を使うにも、その時の役に立つものがあればそれでよい。使用人にも限界まで労働させない。戦争でも十分満足するまでの勝利を得ない。敵を亡ぼすにしても、その遠い子孫まで殺してしまわない。書物を読んでも全て理解し尽くさなくてもよい。物事を行なうのに自分の才能を十分に発揮し尽くさなくてもよいし、十分の名誉を得ることもなく、十分の手柄を立てようとしなくともよい。全ては、自分の分を守って慎みを失わないことである。子弟を指導するにしても、僧侶が弟子を導くことも、この不貪欲戒を根本にするのである。

貪欲から悟りへ

仏法の智慧からすれば、この全世界に一つといえども捨ててもよい無用のものなどはない。耆《ぎ》婆《ば》童子《どうじ》（釈尊の弟子・名医）が草木や石を用いて薬としたようなことだ。また、全世界の中で、これが真実であると言って取り出して示せるようなものはない。上は悟りを求めるということも、実は立派な身体にわざわざ傷をつけるような余計なことだ。下は衆生を教化するということも老人が気楽に孫と遊ぶようなものだ。本来、この大地に仏が教化すべき衆生などはないのだ。もしそこに、救わなければならない衆生を見るならば、この人は執着の心で見る類である。

『華厳経』の中に、「凡夫の一念心の上に、微塵の多くの菩薩がいて、その全てが菩提心を起こし、菩薩の修行をして、悟りを得る」とある。

世界のどこかに一つの真実があるのではない。もし、自己の外に求めるべき悟りの世界があると見るならば、この人は執着の心で見る類である。

『般若心経』に、「遠離《おんり》一切《いっさい》顛倒《てんどう》夢想《むそう》究竟《くきょう》涅槃《ねはん》」（さかさまの物の見方を離れて究極の涅槃に入る）とある。『唯識三十頌《ゆいしきさんじゅうじゅ》』の中に、「目の前の物は自分の心によって成り立っているだけだと思っているのは、それもまだ客観的な認識に過ぎないのであって、識のみ（唯識）の境地に住しているのではない」とある。教義や戒に執着して無理に真実を求めるべきではない。もし、迷った凡夫を憎み、悟った聖人に愛着するならば、この人は憎を捨て愛を取るという迷いの中にある。わずかに煩悩を無くし、部分的に空を悟るだけならば、その人の修行は途中で止まったままだ。それでは不貪欲戒を十分に持《たも》っているとは言えないのだ。

縁起は真実の本性

『華厳経』に「衆生は誤って認識（妄想）するので仏や世界がそこに存在すると見る。もし、存在の本性を悟ったならば、仏も世界も存在しない」とある。この存在の本性そのものが縁起するのである。そして仏の悟りも一つの固定した境地なのではない。また、空といっても何も存在しないからっぽの世界なのではない。この動いて止まない縁起の現象そのものが真実の本性なのであるから、これまでの凡夫の身心を改めるようなことではない。この思慮を超えた縁起は業（過去の行為）を因とする現象を影のように仮に現わす。それは流れのままに止まることを知らず、この業は衆生を迷いの世界に流転させ、永遠に終わることがない。もしこの世界の本性に達するならば、あらゆる所が真実の世界となる。永遠に真実の世界があるだけなのだ。

不貪欲に取捨なし

この十界の中で、地獄から菩薩までの九界の者が、迷いの心を捨てて仏の悟りへの道を行こうと思うならば、それはこの迷いを嫌って自己の外にある仏の影を捉えようとすることになるのだ。そうではなく、本来、取るべきこともなければ捨てるべきこともないのだ。嫌うべきこともなければ、求めるべきこともない。それはどのような所でも、どのような時でも、ただこの不貪欲戒と一つだと言える。

そこで、この業報の身心のままで真実に達するのである。本性を悟れば業の根本義に達する。そして大願心を起こせば、常にいたるところが利他行の実践の場所となるのだ。

このような境涯でこの国土に存在し人々に交われば、万人が親愛の情を持ち誉めたたえる。しかしそのようなことには見向きもしない。ただ誉める人が誉めるだけだ。また逆に、万人が憎み謗《そし》ろうとも見向きもしない。ただ謗る人が謗るだけのことだ。そこには取るべきこともなければ捨てるべきこともない。このようなところに不貪欲戒が万全となる。この世には苦悩や憂い、楽しみや快楽があるが、それらは本来捨てるべきこともなく、取るべきこともない。ここまでに至って不貪欲戒が全うされることになるのだ。

傲慢と不貪欲

この戒は、自分自身でもなく、自分が所有しているものでもないが、何度生まれ変わっても戒と共に生まれ、戒と共に成長する。この戒を全うすれば、天下の富を保ちながら心は拘束されず自由である。大衆の上におりながらも心は傲慢さや威張ったところがない。心は迷うことなく、縛られてもいないので、富も永遠に尽きることがない。傲慢さがないので、地位も世界がある限りゆるぎない。なぜならば、この世界の真実の本性は無尽なのであるから、戒をたもつことによる功徳（戒善）も無尽なのである。この功徳が無尽であるから善の果報も無尽なのだ。この善の果報がさらに戒を守ることを助けていく。現在の地位や財産は生まれてくるたびに付き随う。それはあたかも、影が物と一緒に付いて動くかのようである。戒は善の果報を導き、常に真実と一つである。煩悩に縛られることなく傲慢で威張ることがない。不貪欲戒の真実とはこのようなものである。

【解説】

巻頭での貪欲の定義に、

「今ここに貪欲というは、境《きょう》に染著《せんじゃく》して心に希求《けぐ》する義じゃ。この境の虚仮《こけ》なることを知りて、希求の心なきを不貪欲という」（【不貪欲戒序説】）

とあります。「境」とは対象のことです。分別によって自己の外にあると認めている物（眼・耳・鼻・舌・身の五根が捉える対象物＝五境）と、意（心・認識）の対象です。これらの境に執着することで貪欲が起こるのですから、まずは「境の虚仮なること」を学んで信解《しんげ》することが不貪欲につながります。

この境が虚仮であるという意味は、境が妄分別によって仮に現われたものであることと、眼前の境は縁によって仮に現前しているだけであり、不変の実体はない（空）ということです。この虚仮なるものが執着に値しないことを、尊者がしばしば提唱される最も適した言葉で説明すれば、

「一切法は言説心念《ごんせつしんねん》を離れて自性《じしょう》解脱《げだつ》したものじゃ。眼耳鼻舌身意《げんにびぜつしんい》の及ぶ所でない。見聞《けんもん》覚知《かくち》の及ぶ所でないじゃ」（『金般若』）

対象としているもの（境）の本性は本来「言説心念」（言語と思考）・「見聞覚知」（感覚器官による感受と認識）によって捉えられるものではないということです。それを実際に捉えようとするところに貪欲が起こります。

法性《ほっしょう》が言説心念を離れている（超えている）ことは、巻第四不妄語戒で取り上げておきましたが、ここで同時に見聞覚知を離れたものであることも触れておくべきでしょう。私たちが通常、事物を把握する時には、感覚を通じて認識しています。この感覚というものも、実は、真実を得るための直接の手段ではなく、むしろ、感覚によって心は自己の外に向かって求めていくことになります。

「若《も》し真正《しんしょう》の大道を得んと欲する者は、見聞覚知を信ずることなかれ」（『法語集』似金出真金滅）

「知るほど違《たが》う、見るほど違う、聴くほど違う。それゆえ経中に、見聞覚知はただこれ見聞覚知にして法に非ずとある」（『法語集』三帰大意）

「見るほど違う、聴くほど違う」とは、五根のはたらきで捉えようとすると、いよいよ真実から遠くなるということです。ところが私たちは、器用さや、感性や、頭脳の明晰さ、知識の豊富さが真実を会得するための必須要素のように思いがちです。「見聞覚知はただこれ見聞覚知」ということもよく心得ておくべきことで、感覚は情報伝達器官に過ぎないのです。

「甚だしきに至ってはこの心を利根にしたうなる。物知りにしたうなる。またその上にこれを悟らしたうなる。どのように利根にしても物知りにしても、遅晩中間即ち無常に帰して、雪仏を荘厳《しょうごん》するやうなもので、荘厳する中に消える。これらにおいて相似《そうじ》の修行に転じて居る者は省みることを知らぬ」（『法語集』正見）

このように筋道がずれている修行のことを、尊者は「相似の修行」、つまり形は似ているが本来の修行でないとされています。

「道は智愚《ちぐ》にあらず。智愚ともに道に入るべし」（『人道』）
「世の中の知愚はみな情欲の分斉にて業の影なり。大道はこの情欲を離れたり」（『人道随』）
「正法《しょうぼう》は智愚を択ばぬ。ただ信ある処にこの縁起実相は顕わるるじゃ。今日の者も、純一に心を寄せば、たとい摩訶羅《まから》（無知）なりとも、甚深《じんじん》の法に通達すべきじゃ」（巻第十一【心と形姿の相応】）

真実を悟ることは知恵があるなしには関わりがないのですが、現代の私たちは多くの情報を得ることが知ることの最上の方法だと勘違いしてはいないでしょうか。情報はその物を直接知ることではないのです。これに対して、「冷暖自知《れいだんじち》」という言葉も仏教で使われる言葉です。この言葉は、頭で考えることは直接触れる（体験）には及ばないということを譬えているに過ぎず、感覚的（見聞覚知）に物を捉えようという意ではありません。以上のように、感性でもなく知性でもないということは、自分の外からの情報から真実を悟るのではないことを教えているのです。

巻第一に説かれていた仏性戒とは、私たちは生来仏性そのものの存在であり、つまりそれは戒も共に具足していることを意味します。ですから、足りないものを外から得るのではなく、本来具わっている本性を発揮することでよいのです。平たく言えば、戒は「……ねばならない」という強制的な抑制ではなく、人は自主的に守ろうとすれば守れるように生まれついているということです。それができないのは、外に目を向けて貪欲を起こすからで、貪欲の基となる分別が私たちにとって如何に重要な問題であるかが分かります。

そこで尊者は、

「修《しゅ》すべし、求むべからず」（『短法』）

という清浄な行為のみを策励されます。求めるということ自体が、すでに目標を対象においているることになります。この法語は、ただ行なえばよい、と教示してあるのです。人は外に心を向けていないと不安なのかもしれません。それは、例えば、何もやることがなくて暇を持て余した時の困惑した気分に似ているでしょうか。しかしそのような時の自己への憶念こそ、心の真実も、周辺の事物の意義も知れてくるのかもしれません。

「目前に法なき、これを仏性という。鏡裡《きょうり》影を絶す、これを法身《ほっしん》という。自心みづからとらざれば山河光明を放つ」（『短法』）

心が対象を捉えようとしなければ、仏性も仏も山河も、真実を現わします。実は、私たちの心は日々このような体験を繰り返しています。美しい光景への歓喜や、深い悲しみに遭遇した瞬間は、その出来事を対象として捉えていません。心は素直に外界と一つです。その時にこそ物自体の本性に触れている状態なのです。私たちの心は常にそのような活動の連続です。その時には自覚されてはいませんが、感性や知性がその経験を省みた時、対象の物と化すのです。

釈尊の言葉をあげてみますと、

「賢者は、両極端に対する欲望を制し、（感官と対象との）接触を知りつくして、貪ることなく、自責の念にかられるような悪い行ないをしないで、見聞することがらに汚《けが》されな

い」（『Sn.』七七八）

「内面的にも外面的にも感覚的感受を喜ばない人、このようによく気をつけて行なっている人、の識別作用が止滅するのである」（『Sn.』一一一一）

さて、境が虚仮である理由として、分別から出たものであることを述べましたが、もう一つの根拠は、その分別によって造り出される境が自己の業に因るものだからです。この世界の諸現象の縁起についての尊者の説示は、巻第五不綺語戒で詳しく触れておきました。ここでは、私たちの業（行為）の果報について考えてみます。

縁起と業については、次のように説かれます。

「賢者はこのようにこの行為を、あるがままに見る。かれらは縁起を見る者であり、行為（業）とその報いとを熟知している」（『Sn.』六五三）

業による果報を認めることとは決して消極的なことではありません。また、これによって人は不自由なのではありません。業報を宿命として捉えてしまうことは、むしろ執着に外ならないでしょう。善悪の業は自らが犯したことですが、これからの人生においても自分の行動は自分で選択する自由があります。業の報いによってのみに現在が制約されているのではありません。現在が業報のみによって決まっているのであれば、人は変わりようがないことになりますが、実際には人は常に変化しながら現在の自己となっているからこそ、個々人の相違があるわけです。もし、現在が悪業の結果で不幸だと感じても、その現状をどのように受け入れるかによっても人生は変わります。

「とかく因果報応を信ぜねば、世間は暗闇じゃ」（巻第十二【信を能入とす】）

とあります。三世の因果論は仏教の基本的な教えです。ただし、因果報応を信じても、そのために人生も環境もどうしようもない宿命のものとしてしまっては因果を説く意味がないのです。その理由の一つは、因果や業報は事実ではありますが、この中でどのように生きていくかという道が必ずあり、そこに救いを見出すところに仏道の存在意義があるからです。仏の教えは、因果や業報の理を知らせることのみが目的ではありません。もう一つの理由は、宿命とすることは合理的な認識の次元に堕することになるからです。そのような分別知を否定しているのが仏教だからです。

因果や業報を否定したり、現状から逃げたりしないで、積極的に活かしていく、それができるのは人間だけであり、それこそが人間の尊いところではないでしょうか。この縁起の道理や、縁起の中で生きること、そしてこれを超えていく道、これが仏教の教えであり、『十善法語』のテーマの一つでもあります。

「一切むさぼり求めぬなり。何事も過去世の業の影としれば、高きも賤しきもそのままに足りぬべし。貪れば天地の道にそむくなり」（『十善戒相』）

現世が過去の行為の結果として現前していても、それは実体のない影のようなもので永遠に固定したものではないのです。業報というのは行為の結果ですから、今の自分にとって好ましいことであろうと、不都合なことであろうと、自分の身に降りかかってくることは他人や環境のせいにせず、まずこの業の影であることを自覚することが大切です。道元禅師も「仏法参学には、第一因果を明らむるなり」（『正法眼蔵』深信因果）と説いておられます。

「この身は十善の影法師じゃ」（『金般若』）

影というのは、尊者がたびたび実体がないことの比喩として用いられますが、「業の影」と示してあることには重要な意味があります。影は常に自己と共に存在します。これを放つこともこれから離れることもできません。

また、影という意味では、自分と異なるものではありません。

「世の智ある者、みづから業の影と知れば、この智正智となる。世の愚なる者、みづから業の影なることを信ずれば、この愚蹤跡《しょうせき》なし。大道は智者も入るべし。……愚者もいるべし」（『人道随』）

この身が業の影であることをなぜ知らねばならないのか、ひいては現実のこの世界が夢の中で見ていることと同じ幻のような状態であることをなぜ知らねばならないのでしょうか。

「夢中みづから夢と知る者は、夢中も迷すくなし。まさにまどう者みづから迷うと知れば、その迷い久しからぬごとくなり。この世界に居て、みづから業の影と知れば、必ず悪執《あくしゅ》深迷なし」（『人道随』）

夢を見ている時に、これは夢であると判断できることはほとんどないように、迷いの夢から覚めないことには自分が迷っていたことに気付きません。自身が十善の、つまり自分の行為（業）

による果報であるということ、そこに自分の分斉が定まっているという自覚が生まれてはじめて、仏道へ心が開くことになるでしょう。

「この心、未来際を尽くして断絶せぬは、楽しむべきことじゃ。一たび作った事の消失せぬは、楽しむべきことじゃ。この善悪業果ありて、一切世界の苦楽昇沈、みな我が心より生ずる。悉く楽しむべきことじゃ」（巻第七【果報の楽しみ】）

仏典の中に因果の理は説かれていても、縁起を楽しむというまでの積極的な説は多くありません。しかし、尊者の場合は巻第五不綺語戒を中心として随処にさまざまな楽しみが説かれていました。これが尊者独特の妙味ある境涯です。因果を楽しむ境地とは、因果と我とが一つになって、因果そのものを超えた体験がないことには起こり得ません。因果を楽しむということは、因果応報に対する確信があるからこそ可能なのです。

例えば私たちの生活上では、因果がなければ先の見通しは立ちません。明日の朝、東から太陽が出るのかも確信できず、火をつけても燃えるかどうかも確かでなく、種を植えても芽が出るかどうかも分からない、来年は春がやってくるのかも定かでない……このような因果への信がなければ不安の連続です。私たちは、意識しなくとも因果の流れを信じているからこそ、日々を心おきなく暮らせています。さらに、

「この身心憂悲苦悩《うひくのう》の処が、諸の賢聖入道の基となる」（巻第十二【憂悲苦悩も入道の基】）

とあるように、苦悩が自分を育て、真実の法を得る契機ともなります。現在の自分が過去の善悪

の業によって存在しているとしても、現世ではその業による果は善でも悪でもありません。

「この生死業果なくば、一切賢聖も大道を窮むることなく、諸仏出世して衆生を利益《りやく》したまうことなきじゃ」（巻第七【因果と悟り】）

因果なくしては、修行をしても深まっていくかどうかも確かではなく、仏が教えを説いても衆生が利益を得ることに結びつかないのです。このように考えていくと、わずか一つの物でも、多くの縁が重なって存在していることに気付きます。果報の全てが目に見える形で現われるとは限りませんが、必ず変化しているところがどこかにあるのです。悪の結果も目には見えなくても、苦果を必ず招くことになります。

さて、その上で、

「因縁というものも、総じて生滅に属して虚妄なものじゃ」（『法語集』楞伽心印）

「業報も元来不可得じゃ」（『金般若』）

これも因縁やそれによる業報が影であるという本性を明かされたものです。ここに至って初めて因果のままに救われていくということが出てきます。

仏教が説く一切空とは、因果も業報も空であり、これに対しても執着の対象とはならないのです。だからこそ尊者は「影」と譬えられているのです（空とすることは、因果の現象がないと言っているのではありません）。

業に対する尊者の考えは、

「他の不善はわれ憐《あわ》れむ、己が苦悩は自《みずか》ら業報を察す」（『戒学要語』）

この法語は尊者の業果についての見識が述べられており、極めて重要なことです。他人の過去の悪業や悪果に対して詮索したり偏見があってはならないことです。そのような目的のために因果の理を仏は説いたのではありません。「われ憐れむ」ということは、相手の立場に立って思いやることです。そして、自分自身が背負っている苦悩は自分の行為の結果であると省察すべきです。まさに仏はこの憐れみをもって私たちに縁起の理を説かれたのです。このような観点がベースになっているからこそ『十善法語』全体が尊者の慈悲心に満ちあふれた書となっているのです。

さてこの不貪欲戒を持《たも》つには、もう一つ重要な心構えが説かれています。それは「知足《ちそく》」（足《た》るを知る）です。

「足ることを知り、わずかの食物で暮らし、雑務少なく、生活もまた簡素であり、諸々の感官が静まり、聡明で、高ぶることなく、諸々の（ひとの）家で貪ることがない」（『Sn.』一四四）

知足という言葉は一般的には『老子』で有名ですが、『スッタニパータ』以外にも大乗仏典の『遺教経《ゆいきょうぎょう》』や『涅槃経』等に説かれています。『遺教経』には、次のように知足の功徳が巧みに説かれています。

「汝等比丘よ、もし諸の苦悩を脱せんと欲せば、まさに知足を観ずべし。知足の法は即ちこれ富楽安穏《ふらくあんのん》の処なり。知足の人は地上に臥《ふ》すといえども、なお安楽となす。不知足の者は天堂に処すといえども、また意に称《かな》わず。不知足の者は富めりといえどもしかも貧しく、知足の人は貧しといえどもしかも富めり。不知足の者は常に五欲に牽《ひ》かれ、知足の者のために憐愍《れんみん》せらる。これを知足と名づく」

人は満足した生活を望んではいますが、物や地位や生活状態が満たされることだけで満足感が得られるのではありません。また、知足とは、地位や生活環境に関わらず、誰にでも同じように至ることができる平等に与えられる境地です。

「今日にして今日たる。この処にしてこの処たる。古人その位に素《そ》して行なうと云えり。春百花あり冬雪あり」（『短法』）

過去を憂うことなく未来に不安を抱かず、今、ここ、の自分の居り所で十分に生きる。春は花が色とりどりに咲き誇り、冬には雪の純白の清浄さが広がる。昼は太陽が明るく照らし、夜は月がやさしく慰めるではないか。これを外にしてどこに満足があろうか、と。

尊者が揮毫された書に

　足ることもかぎりなければこのままに
　　たらで事たる身こそやすけれ

とありますが、世の中を見わたせば、物に恵まれている人が、より一層贅沢な環境を望んだり、また、物が充足していても心は空虚であったりするようです。一方では、簡素な生活に満足して清らかな毎日を送っている人もいます。このことは物のみではなく地位を求めることでも同様です。「その位に素して行なう」とは『中庸』からの引用です。「素」とは、さまざまなものに染まらない生まれたままの自分そのものをいうのです。これに続く『中庸』の文は「その外《ほか》を願わず」です。今の自分の置かれた所でベストを尽くすことです。自分に具わったもので自分の人生を生きることが本当の自分を生きることです。だからといって向上心や努力が不必要なのではありません。自分の分を精一杯に全うしようとすることでも十分に努力が必要です。全うすることで次の道があり、その道は絶えることなく続いていくことでしょう。

名利《みょうり》に貪欲であれば、どこまでも満足した感覚は味わえません。だからとはいえ、物を減らせ、地位は必要ない、というのでもありません。知足とは、足らないことへの我慢ではありません。満足というのは、物が満ち足りて味わうものではなく、本来の自分で生きているという実感があっての満足です。

「前の不偸盗の意地に在るを、この第八戒とす」（『人道』三）

とあるのは、偸盗を起こす心のはたらきが貪欲にあるからです。偸盗とは他の分限を侵すことでしたが、この貪欲が起こる基も、要するに自らの分限を自覚できていないことにあると言えましょう。

「分外の事を求むるを貪欲という。……内心に分をこゆれば、皆この戒を破するなり」（『人道随』）

「内心に分をこゆれば」ということも大切にしたい戒めの言葉です。常に自心に問いかけながら、自分で自分の道を捜し歩かねばなりません。人生は多くの人々との関わりの中で営まれていきますが、自分の人生は代わりのない自分一人の歩みです。それを個々人がそれぞれ発揮できていくのがよい社会です。

「その居る処に安んじ、そのそなわれる分をたのしむ」（『人道随』）

自分の「居る処」を自覚することは易しいことではありませんが、道を学ぶということは、自分の居場所を発見することなのです。これは心理学的にはアイデンティティを確立することに近いものと言えましょう。

知足とは、すでに自分に具わっているものを自覚することです。その具わった物で楽しむということは、自己の中にすでに真実の楽しみがあるということです。自己の外から何かを得ることではありません。

をごりなき心を世々の守にて
尽せぬ家の宝とも見よ（『双竜尊者和歌集』他）

巻第九　不瞋恚戒《ふしんにかい》

安永三年（一七七四）甲午 三月二十三日、大衆に示す。

不瞋恚戒序説

師は説かれた。

この不瞋恚戒は、凡人でも博識の人でもなかなか簡単には持《たも》てないものだ。まして身分の高い人や尊い人の瞋恚による利害は最も顕著である。謹んで持ち、事あるごとに自らよく考えてみることである。

世間での悪事の数は多いけれども、その根本は貪欲と瞋恚の二つである。その中でも、自分の志を破壊し、人の道をそこなうのは貪欲が第一の原因である。世間を乱し、物事を害するのは、瞋恚が第一の原因である。

前の不貪欲戒とはこのような関連があるのだ。この二つの戒を説く時、これらは別々のようであるが、貪欲がある者は必ず瞋恚があり、瞋恚がある者は必ず貪欲がある。この二つが悪であり真実に背いていることは同じである。そこで、貪欲を離れれば瞋恚も薄くなるし、瞋恚を離れれば貪欲も薄くなる。この二つが善の功徳であることは同じである。現在、人の上に立って世を治める立場にある人は、特にこの戒は肝要である。

心身と不瞋恚戒

人としての心が基となって身体が形成されるのであるから、本来、心に瞋恚を起こすはずがない。この人としての心と身体があって山河大地に住んでいるのであるから、本来、瞋恚を起こすような器質のはずがない。世界の国々で生まれては死んでゆく。その中で互いに交流し議論する。そのようすを我見《がけん》を捨てて正しい心で思惟してみるならば、ここに不瞋恚戒の真実は明らかである。全てが不瞋恚戒そのものの現われである。

心は平等なものだ。あらゆるものを心に容れても礙《さまた》げにはならぬ。この身体も平等なのだ。多くのもので構成されてはいるが分離はしない。そのようなようすを我見を捨てて正しい心で思惟してみるならば、ここに不瞋恚戒の真実は明らかである。全てが不瞋恚戒そのものである。

法の平等性と不瞋恚

この世界は本来平等であるから、山川草木などがみな悟りに達するための門である。花が散り、葉が落ちることなども、全て心の迷いを開く道場である。清らかな風も、澄みわたった月も、自己と共に善を修し悪を止める友である。

元来、平等を本性としているのであるから、その中には是とすべきものも非とすべきものもないはずだ。こちらを愛し、あちらを憎むということもないはずだ。このような情態を我見を捨てて正しい心で思惟してみるならば、ここに不瞋恚戒の真実は明らかである。全てが不瞋恚戒そのものである。

縁起と瞋恚

人間の体は骨と肉が絡《から》み合い、その中で心のはたらきが仮に継続していくのであるが、それは海水に一つの小さな波が動けば、それに伴って多くの波が起こるようなものである。前の波は後に波が起こることを知らない。後の波は前の波の影響を受けていることを知らない。心においても、前の念を縁として後の念が続けて起こる。時には貪欲の心が胸を焦《こ》がし、瞋恚によって事を壊す。これらを正しく思惟すれば、前の念はあれこれと分別して捉われるわけではなく、後の念も分別して捉われるわけでもない。ただ貪欲を起こすのは、起こす者の過《とが》だ。瞋恚を生ずるのは、生ずる者の過だ。

瞋恚に益なし

　虚空に対して瞋恚を起こすか。この虚空は本来天地万物を包み容《い》れているものであって、私の瞋恚などには関わりがない。瞋恚を起こしても自分が苦労するばかりで得るものなどない。山川草木に対して瞋恚を起こすか。この山川は耳も目もなく、思考することもなく、私の瞋恚を見聞することも分別することもしない。草木はただ春夏に茂り、秋冬に萎《しぼ》んでいくだけであり、瞋恚など気に掛けない。瞋恚を起こしても苦労ばかりで得るものはない。鳥獣に対して瞋恚を起こすか。鳥獣は自分で水草を追いかけて食や友を求めるばかりだ。私の言うことなど理解しない。瞋恚を起こしても苦労ばかりで得るものはない。人間に対して瞋恚を起こすか。人間は絶えず衰え年をとっていき、ついには死んでしまう。その命は電光石火のように極めて短い時間にこの世に存在するだけだが、その存在も骨が肉と皮に包まれているようなものだ。そのようなものを相手にしても仕方がない。これも瞋恚を起こしても苦労ばかりで得るものはない。

　過去に対して瞋恚を起こすか。過去はすでに過ぎてしまって跡形もない。未来に対して瞋恚を起こすか。未来はまだ来ていないので何も決められぬ。現在に対して瞋恚を起こすか。現在は一瞬一瞬と過去になっていく。無限の過去から果てしない未来まで、瞋恚を起こしてもただ苦労ばかりで得るものはない。

身心の苦悩や思いのままにならないことは、自分の業が引き起こす結果である。それを他の者が知るところではない。他の者の慳貪《けんどん》（物惜しみ）・恚憤《いふん》（怒り）は、その者自身の間違った認識に由来しているのであって、私の身心には何の関わりもないのだ。愚かな者が自分の業の力に騙《だま》されて他の者に対して怒りを起こすが、それは誤ったことだ。愚かな者が他人の間違った考えにとらわれて怒りを起こすが、それも浅はかなことである。考え違いも甚だしいことだ。

境と瞋恚

この世界は真実そのままが現われた世界であるが、目の前の物事が自分の意に適《かな》ったり適わなかったりするので、この世界が面倒なことになる。それで対立の世界となり、一生を通じてただ驕慢《きょうまん》（おごり高ぶること）・嫉妬の人生を送ることになるのだ。

つまり、自分の意に適った物事には執着の心を起こす。この執着が人の心を悩ませ乱す。それはあたかも猿回しが猿を使っているかのように、執着したものに心が使われるのである。逆に、自分の意に適わない物事には瞋恚を起こす。この瞋恚が心を悩ませ乱す。それは立派な大人が小さな子供を弄《もてあそ》ぶようなものである。

執着の心から瞋恚を起こし、瞋恚から執着の心を起こす。心がその心の通りに物事を出現させる。心は目の前の物事によって起こる。それは輪をぐるぐると回るような限りない循環なのである。また、青蝿が肉から離れることができないような執着心と物事との連鎖なのだ。

心は万物を画く

心が物事を目の前に出現させるとはどのような意味であるかといえば、『華厳経』に、「心は好《こう》画師《がし》の如く、種々の五蘊《ごうん》を造る。世間一切の法、法として造らざることなし。心の如く仏も亦《また》しかり。仏の如く衆生も亦しかり。心・仏及《および》衆生、この三、差別なし」〈心というものは巧妙な画家のようであり、五蘊〈色《しき》＝物質、受《じゅ》＝感覚、想《そう》＝観念、行《ぎょう》＝意志、識《しき》＝認識〉で構成された世界を造り出す。世間のあらゆる物で造り出さないものはない。仏も心と等しく、衆生も仏と等しい。心と仏と衆生との三者に差別はない〉とある。

また、同じく『華厳経』に譬えをあげて、「画家が青・黄・赤・白・黒の五色を用いて夜叉のすがたを画き、その絵に自分が怖れるようなものだ」とある。

思いが起こると、それに心という名称を付けて、その心から対象物を眼前に造り出し、自分の心が造った対象に愛着や怒りを起こす。愛着すれば相手も愛着の対象として出現するし、怒りを起こせば怒りの対象として出現する。その対象は心のままに色々なものに変化して出現するのである。捉えようとしても捉えられない実体がないものが衆生となって出現する。瞋恚の心となって出現する。一瞬の怒りの心が思いもよらないすがたとなって現われる。それは愚かな画家が、自分が画いた夜叉に自分で恐れ、夜中に襲われるようなものである。

夢と実体の譬

初心の者でこのようなことに得心がいかないならば、夢と比較して理解してみよ。睡眠中に想いが起これば、この身体とは別の身体が顕われる。眠っている身体と夢の中の身体とは同じとは言えないし、異なるものとも言えない。眠っている身体は夢の身体を知らず、夢の中の自分の身体は眠っている身体があることを知らない。夢の中ではどのような形状のものであろうと生じてくるので、山河大地も生じる。さて、この自分の身体と山河大地とは、同じとは言えないし異なるものとも言えない。山もいろいろな山が出現し、河もいろいろな形のものを夢見る。

一念と境

今、目の前に見えている全ての物もこの夢と同じなのだ。一念が起これば心というものが生じる。前の念が後の念の縁となって次々と念が続いていく。続いている念は必ず内にある自己の心と、自己の外の物と二つに分かれる。自己の内面に自分の心を見て、外には山河大地や家々や田畑、金銀財宝、人間やその他、全ての物が生ずる。

自己の外に物が現われると、それに対する愛着と憎悪の二つができる。人が現われると、親しい人と疎遠な人とに分かれる。真実を知らない者がこの現実を自分なりに解釈するけれども、この世界に存在する自己の対象物は、ただ迷った心が見る夢の中の出来事なのだ。

本来この世界の本性は平等であるので、同か異か、内か外か、親か疎か、と分けて言うべきではない。執着したり憎悪したりするべきではない。この迷った夢中の世界にだまされて、貪欲を起こし、瞋恚の心を起こして永遠に迷いの世界に沈んでいくのは悲しむべきことだ。

一念心と境界

人間の夢とは面白いものである。この夢をきっかけに現在の自分がどのような業によって生じたものであるかを判断できるのも面白いことだ。その自らの業をよくよく思惟して、無欲な土人形になって自己を鏡に写すかのように見つめることも面白いものだ。

意に適うことや適わないことに対して、貪欲や瞋恚の煩悩を制伏することも面白いことである。そのような制伏力を得て、悪事には一切屈することがないのも面白いことである。

この山河大地も現在の自分の身体も、一念心の変じたものであることを知るのは面白いことである。心に信のある者はその力を得て、信がない者はその力を得ないことも面白いことである。

真実の道に達した人には、池に蛙《かわず》が踊り、樹上に鳥が騒ぐのも、春の半ばに多くの花がよい香りを放つのも、秋の初めに冷風が起こるのも、みな思慮を超えた真実の世界が現前したすがただということだ。

経典の中に、涅槃を得た人は、左の方から香を供養しようとしてくる人と、右の方から害を加える心を抱いてくる人との両者に対して、愛することも憎むこともないとある。

一切は縁由の差排

このような道理の中にありながら、迷うなら迷ってみよ。その迷いそのものが元来根拠のないものなのだ。覚《さと》りたければ覚ってみよ。その覚りとは空のことだ。それで本当に道を覚った人がこの世にいても虚空のような境涯なのだ。

天は虚空にあって、雲がたなびき広がる。大地は虚空に浮かんでいるが崩れ落ちることはない。本来その虚空に上下はないのだ。

迷いの世界の人間も、井戸の水を汲むには力を使って水を得る。雨露が入らないように屋根を覆って居住する。このように、ただ縁によってこの世に生じるだけであり、全ては縁によって存在するのである。

事が思うままに行かないところに面白いことがある。縁によって苦と楽を生じるが、これも全て、ただ自分の迷った心の結果である。同様に、自分の身体が思うままにならないところに面白いことがあるのだ。

物質の四相

ごく小さな塵のような物質の中に四つの性質（堅《けん》〈堅さ〉・湿《しゅう》〈湿気〉・煗《なん》〈熱性〉・動《どう》〈流動性〉）が具わっているといえば、複雑なようであるが、実際に見ている物質から推察して知るとよい。例えば、空中に一片の雲が生ずると色と形があり、その動きがある。山中の雲が起こる所に坐っていると、その湿り気も感じる。塵のような物にも堅・湿・煗・動の四つの性質が具わっているというのは、このような状態なのである。

水中に泡が生じる時も、形や色や大小の動きがある。地面に一本の草が生えることでも色と形、湿気も動性もある。塵のような小さな物でも堅・湿・煗・動の四つの性質が具わっているのも同じ道理である。物に大小があっても、道理に違いはないのだ。

心と外界

正しい道理から観るならば、心というものは人間の常識では考えられないほど不思議なもので、塵のようなわずかな物に入って世界成立の因となり、世界壊滅の縁となる。入るということをどのように説けばよいのか。むしろ、小さな塵そのものが自分の心の本性であり、世界そのものが自分の心の本性なのだ。つまり、心が起きる時が世界の成立であり、心が滅する時が世界の壊滅であると知るのだ。

業による心の世界

一部の人々は、まず永遠に存在する世界があって、そこに居住していると考えている。また、一部の人々は、この世界は心の思いによって変化するものだと考えている。全ての本性は固定的な実体がなく空であるが、各自それぞれの業によって、このような異なった見解となるのである。面白いことである。

しかしこの中で、もし真実に達するならば、あらゆるものが解脱し、全てが真実のままに存在することになる。迷う者は、そこに見るはずがないものを見るし、思うはずがないことを思うのである。

心は自分の業によって造り上げた世界を追いかけ、また、その世界が自分の心を使役し、業によって四大（地・水・火・風。物質を構成している四つの元素）が身体を造ってここに存在するのである。

仏界と衆生界

『華厳経』には、一つの毛穴に全宇宙を含むとある。『維摩経《ゆいまきょう》』には、維摩居士が一丈四方の居室の中に八万四千の師子座《しし ざ》（仏の座席）を入れるともある。また『法華経』には、計り知れない時間に及ぶ仏の説法を、食事をするほどの短い時間に聞くともある。仏道の修行者は、このような教えの趣意を知るべきである。

この世の愚かな者は、凡夫が修行の功徳を得て仏の境地に入ることを、幼虫が蝉になったり、また、カタツムリが柱から軒に伝って屋根に登るようなもので段階的に得ていくものだと思っているが、そうではない。または、悟ってもいないのに悟り顔して「是心是仏《ぜしんぜぶつ》」（この今の心が仏である）と説いたり、「煩悩即菩提《ぼんのうそくぼだい》」（煩悩がそのまま悟りである）などと説くのは勘違いだ。

迷える衆生の世界の外《ほか》に仏の世界があるのではない。仏の世界の外に衆生界があるのではない。実は仏界と衆生界とは、一つであるとか別物であるとかを論ずることですらないのだ。迷っている者は、仏の悟りの中にいながら三毒（貪欲＝むさぼり、瞋恚＝いかり、愚痴＝おろかさ）を起こすのである。

仏は常に衆生の三毒の只中にありながらも、煩悩から離れた禅定と智慧と慈悲の世界に安住している。この境地のまま衆生の能力に応じてすがたを現わす。それは月がどのような水にも影を映すようなものだ。

一念心の造作

いったい何者が中心となって、この世界の成立と壊滅を行なうのであろうか。それはただ現在の衆生の一念心によって造られていくだけなのだ。

一念心といっても形はない。本来、生じることもなく滅することもない。来ることもなく去ることもない。悟りたいならば直ぐに悟ってみよ。汝の一念心は本来これといって掴むことのできないものだぞ。迷いたければどこまでも迷ってみよ。汝の一念心にある愛着が水のように世界を潤して出現することになるぞ。生じるものは必ず滅する。生滅があるところは必ず去来《こらい》がある。そうすると時間に長短があり、世界にさまざまな変化があっても、それは一念心上のことであるから、実はこの世界は、一念心と同時に生じて一念心と同時に滅するということなのだ。

不瞋恚戒の異熟果・等流果・増上果

『華厳経』の中に、瞋恚を犯した罪は衆生を三悪道（地獄・餓鬼・畜生）に堕とすとある。また、たまたま人間に生まれたとしても、二種類の果報を得る。一つは短命であり、二つには常に脅迫され続ける。常に過ちをとがめられるとある。これを異熟果と等流果という。国土に毒虫や棘《とげ》のある木などが多いのは、瞋恚の増上果ということである。

【解説】

この戒は、前巻の不貪欲戒と一対のものとして語られています。

「徳義を賊《そこな》うは、貪欲を第一とす。世を乱し、事を害するは、瞋恚を第一とす」（【不瞋恚戒序説】）

一対のように示されるもう一つの理由は、貪欲がある人には必ず瞋恚があり、瞋恚がある人には必ず貪欲があることからです。また、自分の思い通りにならないことで瞋恚が起こるわけですから、貪欲が根底にあって瞋恚が起こるとも言えましょう。また、

「前の不殺生の、心地にあるを、この第九戒とす」（『人道』三）

とありますから、殺生の根底には瞋恚があるということです。すると貪欲と殺生も関連しています。加えて、

「瞋恚はもと我相から起こるものじゃ。瞋恚から殺生もなすものじゃ」（『五戒大意』）

ともあり、我を立てること、つまりそれは分別によって、自己を優位にしようとする心、驕り、慢心、ということにつながっています。要するに、我《が》の空性《くうしょう》が理解されていないことにも原因があるでしょう。このように、最終的には、最も根本的な無我の課題へと掘り下げられることになります。

怒りというのは、発火するように一瞬にして起こります。俗に「カッとする」という言葉の通りです。この刹那の怒りが大きな禍《わざわい》に増大していくことを深く心に留めて、自心を工夫する必要があります。小さな心の動きが大事に発展することは不悪口戒でも同様でした。小事は大事とも言うように、小さなことが発端になって大事に至ります。これを仏道の教義からさらに徹底するならば、真実の世界には大小という区分けはないのですから、小事とはいえ疎かにできないことは当然のことです。

「物に大小はあれども、その理は違《たが》わぬじゃ」（【物質の四相】）

人間が見る形の上では大小の差があっても、両者を貫いている理は同じです。理は同じですから、微かなことでも大事へと拡大します。

『華厳経』に「一念瞋恚の火、無量劫《こう》の功徳・法財を焼き亡ぼす」とあることから、尊者は一念の重要性を示されています。この場合、尊者は特に「一念心」という語句を用いられますが、これは『臨済録』に拠るものと思われます。尊者は自受用の『臨済録』の跋に「われ、諸の禅宗の録において、ただ臨済一巻を取るのみ」と添え書きされているほど臨済禅師の境涯に共感を覚えておられました。禅の家風は密教とは異なりますが、臨済禅師の仏法を慕っておられた証として、次のような和歌を捧げられています。

千代を経てかくしかねてもいとどなを
見るひとのなききみが面影

「見るひとのなき」というところに、今は臨済禅師の真面目を受け継ぐ法が途絶えていることへの嘆きと深い了解の真情を吐露しておられるのでしょう。『慈雲尊者法語集』に記録されている尊者四十歳代（双竜庵時代）から最晩年の『金剛般若経講解』の法語に至るまでの、いたるところに臨済禅師の法の香気が漂っています。

一念心というのは、心は固定的な実体がなく念々に生起《しょうき》して次の瞬間に滅していく性質であり、その一念が瞬間的な一念でありながら心の全体でもあり、唯一の心でもあります。また、一念の「一」が刹那の時でもありながら時の全体でもあります。「一」とはそのような性質を自ずから持っています。ですから、この「一」を疎かにすることは全体に関わってくるのです。一念心とは刹那の心を取り出して示しているだけではありません。そのような一念において怒りが忽《こつ》然《ねん》と起こります。そしてこの一念が一念で終わらずに、次の一念の縁となって相続していくのです。「一念三千」、「一念万年」という言葉もあるように、一念心とはいえ容易ならぬものなのです。

この巻第九では、自分の意に適わない境に対して瞋恚を起こすことから――前の貪欲では対象の物（境）の本性について考えましたが――境と心の関係性について説かれています。

「この心、境界を生ずる。この境界、心を起こす」（【境と瞋恚】）

自分が意に適わないと感じているその物事は、自分の心が瞋恚の対象として造り出した物事です。例えば、他の人は怒っていないのに自分だけが怒っている場合、怒りを起こす原因が対象にあるでしょうか。自分だけが怒りの対象をそこに置いているだけで、自分が造り出した対象を自分が見て怒りを起こしているのです。その怒りの対象物がまた怒りを起こさせる、という負の連鎖です。この法則は自分が見ているあらゆる物に対しても例外ではなく、眼前の物は全て自分の心の投影なのです。

「山河大地は一念心の転変なることを知るも、面白きことじゃ。今日わが形容《ぎょうよう》も、一念心の転変なることを知る、面白きことじゃ」（【一念心と境界】）

また、

「山河大地有情《うじょう》非情をおっ束《たば》ねてみな実《じつ》でないことじゃ。この夢の如く、今日の山河大地有情非情もみな自己の一念心の中に現じたものじゃ」（『法語集』因果無人）

ということになりますが、これを突きつめて言えば、

「この三千世界、同時に生じ同時に滅するということじゃ」（【一念心の造作】）

と語られるように、この一念心の起滅と世界の生滅は同時ということになります。眼前の世界をこのように捉えることは唯識の基本的な立場ですから、要するに怒りの対象は自分の外に存在するのではなく、自分の内（心）で造り上げたものであり、境への怒りは道に外れたことなのです。

次に、縁起の面から瞋恚を考えてみます。一人の人生にはその人なりの縁起があるように、個々人が皆それぞれの縁起によって生きています。それを尊者は「これはこれだけの影、これだけの縁起」と説かれていました（五七頁）。そこで、この不瞋恚を犯さないために、

「我が身心の苦悩・不如意は我が業力《ごうりき》による。他の知るところに非ず。他の慳貪《けんどん》・恚憤《いふん》は他の妄分別《もうふんべつ》による。我が身心に関わるにあらず。一類愚昧《ぐまい》の者、我が業力に誑《たぶら》かされて他を瞋《いか》る。過ったことじゃ。一類愚昧の者、他の妄分別を執着して、自ら瞋恚を動ずる。浅間しきことじゃ。迷謬《めいみょう》の著しきじゃ」（【瞋恚に益なし】）

とあります。これは怒りの心を収めるための非常に有益な考察ではないでしょうか。個々の縁起ということを冷静に観察されてのことです。ここで重要な考察が必要となります。個々の縁起があり、そして眼前の風物は個々人の心の投影ということですが、個々の縁起が相違していて互いに入り込むことができないとすれば、人は全く別々に、孤独に生きていくのでしょうか。確かに、同じ人間として生まれ、同じ土地に住み、共通の言語で話をしています（共業）が、それは自己の外面的な条件です。仏教が説くのは、その心の奥底に貫通している共通した清浄な世界です。それは唯識での八識の奥の第九識・菴摩羅識《あまらしき》です。尊者はこの第九識の重要性を強調されています。

「八識は大いに至って三千世界に行きわたり過去の因縁までを知るじゃ。またこの上に第九識がある。これは真言にいうことじゃ。これを菴摩羅識という。楞伽経《りょうがきょう》にもあり、また余経にもある。この識は業相の及ばぬ所じゃ。これを知らせたいに因って、略法語の中に虚空の事を説いた。この第九識を知らさんがためじゃ」（『双垂』）

ここに第九識を虚空に譬えられています。虚空は無色無形無臭で一切の物を許容して無限であることから、真如・空に譬えられるのです。それはつまり私たちの仏性そのものです。人々が本当に全体と交わることとは、この仏性においてこそ可能なのです。そこには、業の相違は存在しません。それがまさしく業を超えた場所なのです。私たちはこの清浄な仏性の存在に触れることによって漸《ようや》く心の安楽を知るのです。人間の孤独、そして共存は、個々の相違を知るだけでは埋めることができません。

ところで、前文に「誑かされて」という条《くだり》があります。尊者は別の場面では「だまされている」・「一念の思い違い」・「独り相撲をとる」などとも語られています。例をあげれば、「外目前《そと》の境界にだまされ、内《うち》自心にだまされるうちでは、全く生死海中の衆生じゃ」（『法語集』憐れむべきは教者なり）

いずれにしても、自分が自分の心に騙されているということになります。外界は、一念心の転変で存在しているものですし、内（心）では心は実体があるもの（我）と思い込んで執着しています。いずれも自心に迷っているのであって、外界に責任はありません。外界はただ法性の顕われでしかないのです。いわば、そういう「からくり」があるのだから注意せよ、と尊者は分かりやすく説かれています。尊者の歌に、

山陰や路のぬかりのほど遠し
手馴《たな》れぬ駒《こま》にこころゆるすな

とあります。この歌の題には「経に心を師とすることなかれと」とあります。経とは『涅槃経』です。自分が心だと思っているのは、手馴れぬ駒（調教されていない暴れ馬）のようなものだか

ら、これに従ってはいけないと。

その心は道理を会得するにはほど遠い心なのです。そのような暴れ馬の心でありながら、自分の判断や見解を間違いがないものと信じ込んでいる間は、迷いから抜け出すことはできません。

先の法語の「個々の縁起」も、目には見えない道理があってこそのことです。

「縁ありて会遇《えぐう》す。縁去りて離散す。順縁に相したしみ、違縁にそむく。世相かくのごとし」（『人道』）

人生は個々人それぞれの縁に従って展開しています。私たちはその由縁を知らないが故に、親しんだり反発し合ったりして自分の思いを通そうとします。そこに貪欲も瞋恚も起こります。そのあげくに、

「われ恩恵をほどこすに、他かえって損害をはかる。ここに仁慈をおもうに、かれ恩讐《おんしゅう》をふくむ類、ことごとく業力《ごうりき》の転変の相なり。わが心を煩《わずら》わすにたらず。もし忿《いか》れば我が罪となる。動《やや》もすれば累劫《るいこう》の障碍《しょうげ》なり」（『人道』）

助力や愛情も相手に通じないことがありますが、これも常不軽のように、相手に何も求めることなく、ただ行なっていけばよいことです。施しをした上に瞋恚を起こすことになれば、かえって罪を犯すことになります。縁起の道理を知らずにいることが罪の上にもまた罪を重ねていくことになります。物も人も自分の思うままにならないのがこの世ですが、大半はただ因果のままに流れているだけなのです。

「この縁ありて、この世に生ずる。万般ただ縁由《えんゆう》の差排じゃ。世事の思うままならぬ処に、面白きことあるじゃ。この縁ありてこの苦楽を生ずる。一切ただ迷情の差排じゃ。我が身の思うままならぬ処に、面白きことあるじゃ」（【一切は縁由の差排】）

行為の報い（業報）は二種の形で現われます。「世事の思うままならぬ」ことは依報《えほう》、「我が身の思うままならぬ」ことは正報《しょうぼう》です。思うままにならないということは、苦の報いですが、この「思うままならぬ処に、面白きことあるじゃ」とされているところが如何にも慈雲尊者らしいところです。思い通りにならないところに自分が見えてくることがあり、生きる意味を見出し、進むべき方向に気付くことがあります。そしてそこで、道理を知り、それに順じていくところに真の楽しみが生じてくることでしょう。これも知足の上での満足に気付かなければ、貪欲・瞋恚を繰り返すことになります。

巻第五不綺語戒においてこの世の楽しみを語られている中に、因果の中にいながら因果を超越した自由があったように、思うままにならない中に自由があるのでしょう。自由とは、さまざまな事柄から解放されることではなく、自らに由ること、つまり、他に振り回されずあらゆる場面で主体的自己であることです。来る縁に任せて、かえって自由であり、そこにまた楽しみがあるわけです。

このような自由な境涯というものは、俗世にありながら、超脱した心でこの世を眺めるほどの人でなければ至ることができないものでしょう。しかし、出家の僧であればこの俗世を超えていく者でなければならないと尊者は説かれます。

「とても人間根性では至ることがならぬ。人間世界を直に超過せねばいかぬ。……初後夜《しょごや》精勤《しょうごん》、少欲知足は出家の行じゃ。出家の当たり前じゃが、これもその中に居ては役に立たぬ。一回超過する時節がなければならぬ」（『法語集』教者禅者）

「天地の間にありて人倫を超過する。人倫を超過する者が人倫の師となる」（巻第三【真の出家僧】）

超過（超越）するといっても、人間の当たり前をなくしてしまうことではありません。「一回超過する時節」というのは、一度、これまでの習わしによる物の見方を外すことです。人間世界を超過するということですから、人間が当たり前と思っている立場を捨て去ることになります。日頃から常識とされていることも、一度疑ってみることです。巻第十一に、

「人間の目鼻というものも手足というものも、自性法界《じしょうほっかい》より看れば希有《けう》なるものじゃ。珍しき物が出《い》で来りてあることじゃ」（巻第十一【業と輪廻】）

と語られています。人間という立場から離れた新奇な推察であり、とても印象深い表現です。人間としての立場からの見解というのは、例えば、

「今この人間世界、肉眼に見る所は、処として人間ならざるはなく、禽獣草木に至るまで、ことごとく人間所用の為に、世に生育せるものじゃ」（巻第六【唯識】）

なぜ「処として人間ならざるはなく」であるのかといえば、人間は人間の立場からだけでこの世界を見るので、一切が人間界の風景でしかないのです。同じように鳥は鳥の立場から見る世界がこの世界の現実であり、蟻は蟻の世界から見る世界がこの世界の全てなのです。つまり、鳥に

は鳥の世界しか存在せず、蟻には蟻の世界しか存在しません。人間には人間の世界しか存在しないので「ことごとく人間所用の為に、世に生育せるもの」と、人間中心に見ることになり、これが近代の合理主義的な人間観を形成する基となっているのでしょう。この続きの文に、

「たといこの海を超え、かの山を超え、千里万里の外に往くとも、無量億の国土を過ぐるとも、ただこの人間世界涯際《がいさい》なきということじゃ」

とあります。つまり私たちが凡夫のままで浄土を求めようとしても、どこまで行っても凡夫の世界です。そこでこの人間世界を「一度超過する」ことがなければ、仏の世界を垣間見ることすらできないのです。そうすると、仏の浄土は西方の遥か遠くにあるのではなく、今、この超過した時と所こそが浄土だと言えましょう。業によって自分が人間としての命を与えられているという事実を憶念する時、自分の人間としての存在、そして業相縁起（業によって世界が展開すること）の不可思議さにしみじみ感じ入ることです。

こころとも知らぬ心をいつのまに
　わが心とや思ひそめけん（『慈雲尊者御詠草』他）

巻第十　不邪見戒《ふじゃけんかい》 上

安永三年（一七七四）甲午 四月八日、大衆に示す。

不邪見戒序説

師は説かれた。

「邪」とは「正《しょう》」に対する文字で、真実をゆがめることである。「見《けん》」は見るという文字であるが、ここでは肉眼で見ることではなく、心で見定めるところで、見解という意味である。つまり見所《けんじょ》が横にそれているのを邪見という。この邪見の恐ろしさを知って、正知見《しょうちけん》（正しい道理に即した見方）にしたがうのを不邪見というのである。

断見《だんけん》と常見《じょうけん》

邪見には数多くの誤った見解があるが、要するに断見と常見の二つの見解（断常《だんじょう》の二見《にけん》）に過ぎないのである。

断見にいろいろあるが、まずは善を行なっても善の報いはなく、悪を行なっても悪の報いもなく、また、神も仏も実際に目に見えないので存在しないものだと決めつける考えを断見という。

常見にも種々あるが、まずは人は永久に人として生まれ変わる。動物は永久に動物として生まれ変わる。人が動物として生まれ変わる道理などはなく、動物や虫の類が人として生まれ変わる道理もないと決めつけている考えを常見という。

邪見に対する正知見は極めて深い内容であるが、まずは次のようなことである。仏や菩薩はこの世においでになる。賢人や聖者も存在し、天地の神々も目には見えないけれども存在するにちがいなく、善を行なえば必ず善の報いがあり、悪を行なえば必ず悪の報いがあると信じるならば、この不邪見戒を全うできるのである、と。

倶生《くしょう》の惑《わく》

この邪見の罪が軽いものではないという道理を知るためには、まず次のようなことを憶念してみるがよい。

仏教では一般の人、全てを凡夫《ぼんぷ》という。凡とは凡庸《ぼんよう》（平凡）という意味で、世間並みということである。夫は士夫《しふ》という男子の通称で、普通ということである。この凡夫は人間界に生まれてから死ぬまで凡夫として存在するのが常である。

この凡夫の身体に、鼻の穴、耳の穴、口がある。また、世界には物があり声があり、香りがあり味があり、男と女があり、地位の差もあり、苦と楽と、悩みと喜びと、意に適《かな》うことと適わないこととがあり、このように相対するものを比較し区別する。すると意に適うことには愛着を生じ、適わないことには怒りを起こす。また、このように形がそれぞれ別々のものとして違って見えているので、これとあれとを比較し対立させて、他人より勝れたいと思うようになる。『春秋左氏伝』にも、「血気のある者は必ず互いに争う」とある。このようなことを貪欲・瞋恚、愚痴・驕慢などというのである。これは誰が教えるとなく、生まれた時からこの心と体に伴っている煩悩であるから、これを「倶生の惑」という。

分別起《ふんべつき》の惑《わく》

この倶生の惑である煩悩によって、人間界や天上界などに輪廻する。嘆かわしいことではあるが、全ての凡夫にとっては普通のことであり、しかしこれが原因で悪趣（地獄・餓鬼・畜生）に堕ちることはない。

成長して智恵がついた時、邪教や正しくない指導者に就いて教えを受けたり、或いは自分で間違った思慮によって断常の二見を起こし、甚だしくなると殺生や偸盗などに恐ろしさを抱かぬようになる。父母や師の教えに逆らうようにもなる。天地の神々をも畏れないようになる。聖人や賢者、高徳の人を軽んじるようになる。因果をも信じないようになる。人の道を捨てるようにもなる。これは生まれた時に具わっている凡夫の煩悩よりも、より増大した煩悩であるから、これを「分別起の惑」という。これらの者が悪趣に堕ちるのである。

この倶生の惑と分別起の惑との違いがあることをよく考えてみれば、実に邪見が恐ろしいものであることを知る。身近なところでは天命や人道に随い、さらに仏道の奥深いところを学んでは真実の本性にしたがって、この邪見を離れるのが今日ここに説くところの不邪見戒なのだ。

十善戒の戒善

戒とは不思議なもので、これを守ることによって得られた功徳（戒善《かいぜん》）が身についていれば、悪事から自然に遠ざかるものである。例えば、国に武力の備えがあれば敵が様子をさぐることがないように。また、精気が満ちている者には風・寒・暑・湿の外からの邪気が身体を侵さないようなものである。

戒は無辺・無尽

悪事を行なわないという持戒の力は、自然に絶えず増していくのである。それは例えば、太陽や月が常に回って万国を照らすように、また、草木の種が腐らなければ枝葉や花や実が常に生長するように、また、独楽《こま》が回転するように、時計のように、雪ダルマを転がすと大きくなるように、日々増していくのである。自己の外で起こっている物事は無限に存在するのであるから、それに対する戒も無辺だ。心は常にはたらいて尽きることがないので、その心が修すべき戒も無尽なのだ。このようなことは戒をよく守っている者が自覚していることである。

富裕な人でなければ富裕の徳は分からない。地位のある人でなければ地位が尊いものであることは分からない。詩人でなければ詩の上手下手は分からない。学者でなければ文学の面白いことは分からない。歌人でなければ歌の良し悪しは分からない。隠棲して世の中を避けている人でなければ、自然界の清らかで静かな楽しみは分からない。そのように、自分で戒を守っている人でなければ、戒というものの尊いことは分からないのだ。

正法《しょうぼう》との因縁

不邪見戒を守っている人の中で過去世からの福徳が多い人は、自分でも気づかないことがあるものだ。それは、目には見えなくても仏がおられることを自然に信じる。たとえ真実を会得できる境地に至らなくても、真実というものがあることを信じる。自分は凡夫でありながら、聖者がおられることを信じる。そのような信を日常のことで譬えて言うならば、まだこの世との縁が尽きない病人は、名医の言葉を信じて良薬を飲むし、親しい看護人の言うことにも自然と従うようなものだ。

宿命として寿命がある人は、名医に出会ってその言葉を信じる。それと同じように、正法の教えに出会う宿縁がある人は、自然に不邪見戒に従うものである。

これに反して、過去からの福徳がなければ、頭がよかろうと悪かろうと、知識があろうがなかろうが仏がいることを信じない。神が存在することも信じない。真実の教えがあることを信じない、聖者や賢人がいることも信じない。善悪の報いがあることも信じないものである。譬えて言うならば、病の原因が深く、宿命的である人は名医の言葉を信じず、良薬も飲まないことと同じである。

病が重くて必死の人は、名医の言うことも信じないし、多くは名医には出会わないものである。それと同じように、正法の教えに出会う宿縁がない人は、正知見の人に出会わぬものであり、また、逢ったとしてもその言葉を信じないものだ。正法の因縁がない人は、正知見の人には出会わないもの、またたとえ出会ったとしても信じないのである。

神祇と業果への信

聖（正）知見からすれば、天地の神は存在するのだ。存在しないとは言えない。聖者も賢人も存在するのだ。存在しないとは言えない。善の行為には善の報いがある。ないとは言えない。悪の行為には悪の報いがある。ないとは言えない。

仏が存在することを信じ、正しい教えがあることを信じ、善悪の行為にはその報いがあることを信じ、天地の神が存在することを信じるならば、上は天子から下々の庶民にいたるまで、この不邪見戒を破ることはない。この徳を常にしっかりと養うことができたならば、それぞれが聖者・賢人の境地までにも至るのだ。不邪見とは身近なところにありながら、甚だ深いものであり、易しいことでありながら、きわめて大きな意味があることなのである。

邪思惟《じゃしゆい》

ある者は、一つの縁をきっかけに突然に真実を悟ることがある。ある者は、細かく考え抜き観察して真実を悟ることがある。過去世の因縁によって導かれ、はじめに正しい道に出会うか邪道に出会うかで道が分かれる。世間には前世からの福徳が深く厚い者は少なく、悪業が深く重い者が多いというのが世の常であり、多くの人が断見か、または常見かの二つの邪道のどちらかに落ち着くのである。

この断・常のどちらかの見に堕ちれば、この不邪見戒を破ることになるが、初心の一歩の時に正しい指導者に出逢って仏道の導きを得れば、すぐに正しい道に向かう。例えば病が軽い時に名医に逢うようなものである。もし長い年月が経過すれば、その迷いは深く重くなる。もし邪教で他人を導けば、悪業はさらに増していき、永遠に正しい道から遠ざかることになるのだ。

断見

人は万物の霊である。『易』では、天・地に人を加えて三才（才＝はたらき）といわれ、天地の化育《かいく》（万物を造り育てること）にも参加するほどである。人の心は、小さな胸の中に密かにありながら、しかも天地と同体のものである。人には人としての定めがあって、万物の理（道理）を備えたものである。現世に生まれても、昔から今に至るまでの事の成り行きもはっきり理解する。天は人を覆い地は人を載せる。万物も人為によってそのはたらきを発揮する。天地の神々も人によって徳を顕わす。人がどこから生じてくるのかを尋ねても、奥深くて人知で知れる場所ではない。刀を造る鍛冶の職人が、その手で刀を造り出すように容易に生じてくるわけではない。人の心の作用を解明しようとしてもさまざまなものが複雑にはたらき、これといって掴むことができない。

断見が一たび起これば、仏法への清らかな信心がなくなるばかりではなく、中国で教えている仁義の教えも成り立たない。忠孝の教えも成り立たない。天を祭り、先祖を祭るのも無駄ごとになる。我が国の神道の教えも成り立たぬようになる。さまざまな悪の中で、誤った考えを起こすことほど悪いものはない。その誤った考えの中でも断見ほど強烈な悪はない。この断見が一たび生じたならば、全ての善根を失ってしまうのだ。

常見

常見というのは、一部の世俗的な知恵者が考えるように、胸のあばら骨の間に、明らかな一つの不変の魂（アートマン＝我）があるように思っていることだ。その魂が死ぬ時には目か鼻より飛び去って、人間界でも天上界でも畜生界にでも、縁に従って再生するが、それは例えば、船に乗っている者が次に籠に乗り移るように、また、今の家を出て別の家に移り住むかのように考えることである。まず普通の常見はこのような見解である。

これは極めて低俗な見解であるが、禅定《ぜんじょう》による智慧がない者は、出家の僧であろうと在家の者であろうとこの見解を出ることはない。学問に通じた講釈の僧で、口では唯識の理（この世界は心が造り出していること）を細かく話す者も、『法華経』の一切衆生が成仏するという趣旨を細かく解釈する者も、内心では多くがこの常見である。頭脳明晰な禅僧が古来からの祖師の公案を考え、わずかばかりの所見を面白く巧みに表現する者も、内心は多くがこの常見である。気の毒なことだ。

邪見

ある偏見の者たちが妄想して次のように言う——誠の道というものは、今日《こんにち》のあるべき通りにあることである。今の決まりごとを守り、今の道を行ない、今の言うべきことだけを言い、今仕えている人に仕え、今の人に交わり、今の衣服を着て、今あるものを食べ、今日の楽しみを本とし、心を正直に、行ないを正しく、言葉遣いをおだやかにして、立ち居振る舞いを慎み、親がある者は十分に仕え、主人があれば心を尽くし、子がある者はよく教育し、部下がある者は統率し、夫があれば従い、妻があればよく引き連れ、兄があれば敬い、弟を可愛がり、年寄りには十分に愛情をかけ、幼い者を可愛がり、先祖のことを忘れず、家族関係をおろそかにせず、勝れている人を貴んで、愚かな人も軽蔑することなく、全てのことを自分のことのように思って他人に悪いことをせず、人に対して角々しくなく、ひがんで頑固にならず、忙しくせかせかしないで、怒っても程度を知り、喜んでも自分を失わず、受けるべきでない物は塵ほどの物でさえも受け取らず、与えるべき時には国ほどの物でも惜しまず、色事に溺れず、酒に乱れず、人に害を及ぼさないものを殺さず、身体を養生することに慎み、お金があってもなくても、自分の分のままに生きる。昔から今に至るまで、どこの国においても道というものはこれに尽きる——と。

神仏への信

仏の存在を信じるならば、的を見て矢を放つように、揺らぐことなくしっかりと善行を積んで止むことがない。本来、世界の本性は平等なのであるから、その中で仏を信ずるならば、自己と仏との分かれ目がないと言えるのだ。そうすると、ことさら自己を省みる必要もないし、悟りということも必要ない。教義の優劣も論じる必要がない。小ざかしい文章などもいらぬことだ。

仏に成る（成仏）道を法と名づける。その道を実践する人を菩薩と名づける。この道を守護する者を諸天神祇と名づけるのだ。この神祇の存在を信ずるならば、たとえ能力が劣っていても、他人には分からない我が心の中に、いつのまにか悪事を思いつくことはなくなる。まして、悪事を実行することはない。

人はその習慣が性質となるものである。善を学べば自己が善に移り、その習慣が性質となって善が自分の身心となる。

天神に仕えることによって、天神の徳をこの身で行なっていく。地・水・火・風の四大神を祭れば、その神の徳をこの身で行なっていく。その徳を行なう時が聖者・賢人と同じ位に入る時であるぞ。

どのようなことにしろ、ただ信がある者と共に語るべきことである。

【解説】

邪見は巻第一不殺生戒〜巻第九不瞋恚戒までの全ての戒を犯すことにつながるもので、十善戒の中でも重視されます。

「十善は邪見の一戒をよく持《たも》てば、十戒悉く成就す」（『双垂』）

とありますから、この不邪見戒だけが、三巻に分かれるほどの大部の量となっています。

初めに、「見」の意味について、

「ここは目でみるではない。心に見定むる処あることじゃ。この見処《けんじょ》がよこ道へ往きたるを邪見という」（【不邪見戒序説】）

とあるように、「見」とは「見定むる」、つまり見解のことで、平たく言えば、考え方や捉え方ということです。それが正しくないことが邪見です。正しくないとは、第一不殺生戒で説かれていたように、心が「理に順じて」いないこと、本性・仏性から心がはたらいていないことです。

「世間に妄想も無辺なるによって、諸見もかぎりない」（【邪見六*】）

＊『十善法語』巻第十の原文には、断見が五例、常見が五例、邪見が六例あげられていますが、本書では各一例ずつのみを現代語訳しています。ここに示した引用文の小見出しは、拙著『十善法語』（改訂版）と共通です。

私たち凡夫の物事の捉え方は個々違っているので、百人いれば百通りの見解があります。この無数の邪見を大別すれば、断見と常見の二見となります。ここで二見の内容を簡潔に整理します。

断見……因果の否定・神仏の存在の否定・無への執着。ニヒリズム。

常見……我（アートマン）の肯定・無常の否定・有（存在）への執着。

この二見共に邪見なのですから、当然のことながら、このどちらの考えにも陥ってはならないということです。しかし、このどちらにも心が向かわないということはなかなか容易なことではないのです。なぜならば、人はもともとどこかに心を置いて何かを支えとし、安心して生きたいものです。それが人であろうと物であろうと、また抽象的な観念であろうと、何も掴むものがなくては何故か不安な気分になります。それでこの二見のどちらかに心は落ち着こうとします。これまで学んできた分別という思慮も、二つに分けて、どこかに心を置こうとする心情がはたらいているのではないでしょうか。ですから、人は常見でなければ断見、断見でなければ常見と、どちらかに心を置こうとします。これはつまり、否定（断）か肯定（常）か、無（断）か有（常）か、という二者選択の水平線上を彷徨《さまよ》うことなのです。ここでも分別という重要な根本問題が絡んでいます。臨済禅師はそれを一刀両断して「無依《むえ》の道人《どうにん》」であれ、と垂示されます。

「仏は無依より生ず。もし無依を悟れば、仏もまた無得《むとく》なり。もしかくのごとく見得《けんとく》せば、これ真正《しんしょう》の見解《けんげ》なり」（『臨済録』示衆）

無依の所が仏なのですから、無依を悟ればことさらに仏を引き合いに立てる必要はありません。

私たちは仏という絶対者をどうしても前に置きたくなります。そして挙句の果てに、

「世に一類底下《ていげ》の者あり。富栄をうらやみ貧賤をうれい、これによりて身心を労し、亦は資材を衰損《すいそん》す。或は身の楽しみをほしいままにし、心の欲を逞《たくま》しくし、みづから災害をまねき、亦は寿命を減少す。或は湿にふし風を侵し、みづから疾《やまい》を発《おこ》して諂《へつら》いを鬼神になす。或は孝養つとめず、忠義はげまずして、福縁を仏菩薩に請《しょう》す。或は非分に官職をもとめ、寿命を祈り、眷属を祈り、財利をもとめ、日夜つねに忩々《そうそう》として、終に朽敗《くはい》に帰す。経中に、これを憐れむべき衆生と名づくるなり」（『人道』）

神仏への祈願も、どこか安心できる場所に心を置いておきたいという人情の現われでしょう。ちなみに、神仏への参拝について、尊者が教示されているところを引きますと、

「神様には物を乞うものではない。神には供養するものじゃ。よって納受あるじゃ」（『双垂』）

神には誠の心・赤心だけが通じていくのです（仏教では直心《じきしん》・清浄心《しょうじょうしん》）。これもつまりは無私、無碍《むげ》、空、と同義ですので、神祇を拝む時にも『般若心経』を読誦《どくじゅ》するのです。これは般若の空によって神祇の威徳を増長するからです（『神道国歌』・『比登農古乃世』）。

「神祇に祈り、仏菩薩に求請《ぐしょう》するに、そのしるし有無はかりがたし。大抵は私の逞《たくま》しき者、誠なき者、思慮多き者は、仏菩薩神祇の受納なきなり」（『人道随』）

この「私の逞しき者……」とは、不殺生戒に説かれてあった「私意」のことで、それが道理に背くので神仏に通じることがないのです。『人となる道』には、「私なき者は、かならず神明の冥

助をうく」とありますから、神仏に効験がないのではありません。また「私なき者」を註して、「自身の為、妻子等のために祈るは、多くは私に属するなり」（『人道随』）とあり、私的な現世利益のために神仏に祈ることは、神仏の心に反するものと言えます。加えて、「真の密教修行の者は有為《うい》の福業は祈らぬ」（巻第二【世間の仏法への批判】）という尊者の密教僧としての見地も仏法に即したものです。また、「財物のみならず、名位も同じくしかり。またおよそ心願の分に超ゆる、皆この犯なり」（『人道』三）

自分の分を超える祈願は道理に反することになるのでしょう。「心願の分」・「非分に官職をもとめ」という一節にも用心したいところです。

「ねがい求める者には欲念がある。また、はからいのある時には、おののきがある。この世において死も生も存しない者、――かれは何を怖《おそ》れよう、何を欲しよう」（『Sn.』九〇二）

「プンナカよ、かれら（仙人や常の人々や王族やバラモン）は希望し、称讃し、熱望して、献供する。利得を得ることに縁《よ》って欲望を達成しようと望んでいるのである。供犠《くぎ》に専念している者どもは、この世の生存を貪って止まない。かれらは生や老衰をのり超えていない、とわたしは説く」（『Sn.』一〇四六）

願望が貪欲につながり、さらに「生や老衰をのり超えていない」・「死も生も存しない」とあるのは、満たされることへの追及が人間の根本的な苦悩である生死の問題を乗り超える道からは遠いことを示します。自分の生と老衰・死をどのように考え、迎えるかは、現代において最大の課題です。仏教はこの問題に対しても民族を超えて多くの貴重な助言を与えることでしょう。

日本は昔から鎮護国家のために仏に祈りました。これは私的な祈願ではありません。尊者は、君父・国家のためならば、「そのことわりあるべきなり」（『人道』）とされています。これをみても、人は邪心がないことが第一で、福縁を仏菩薩に願うよりも、純一に十善の行為に励むところに神祇の守護があることでしょう。それが神仏の意に適うからです。するとここに十善業道というものは、神仏と心を一つにし、神仏のはたらきと一つになること、それがまた、神仏を供養する行為ともなるのです。尊者の『神致要頌《しんちようしょう》』の「人神本不二《じんしんもとふに》」という句はこれを表わしています。それでも敢えて仏法の功徳を表明するならば、

「無我より広大な功徳はない」（『金般若』）

ということになりましょう。無我が功徳だとするならば、達磨大師が「無功徳」と言い放ったところは嘘のない真実語だと言えましょう。仏道はどこまでも無我・空・平等の境界へ導くものであって、その他のことは仮に説かれた方便なのです。

さて、神仏の存在には無関心で、風の吹くまま気の向くままに生きていきたいと思う人もありますが、それでは断見に陥り、最終的には虚無感を抱くことになります。その上この断見は、

「諸見の中に、断見ほど猛利《みょうり》なる悪はない。この見が一たび生ずれば、諸の善根を失うことじゃ」（【断見五】）

とあり、決して起こしてはならない見解です。反対に、人は急激な変化を望みません。たとえ今

の自分の状況が満足なものでなくても、変化には心理的に不安があるものです。自分を変えようと切望している人でさえ、変化には何かしらの不安と抵抗があるということです。しかし、不変を望むことは常見につながります。事実、この世界には変化のない自分も環境も存在しません。

「禅定智見がなきものは、出家も在家もこの見（常見）を出でぬ」（【常見一】）

とあるように、現実的には断見よりも常見の人が多いのです。また、尊者も『修行道地経《しゅぎょうどうじきょう》』から引用されて、

「常見の者は悪趣《あくしゅ》に入ること希《まれ》なれども、解脱を得ること晩《おそ》き」（【常見三】）

とありますから、常見には大きな罪はないけれども真実を悟るまでには至らないということです。厳密に言うならば、仏を絶対視して執着することも、教え（言語）に頼って悟ろうとすることも常見で、真実を知ることは一切の執着がないところですから、ごく普通の意識ではこの常見を超えることは難しいのです。

尊者はこの二見に亘らないことの困難さを指摘してはおられませんが、実はこれは仏法の中道を意味しています。仏法で本当の空の意義を覚らなければ、空の意味を取り違えてかえって断見に陥ります。また、全てが真実の現われ（諸法実相《しょほうじっそう》）だとして有（存在）を肯定し、それに執着すると常見に陥ります。ですから、よほど憶念を重ねて工夫していないと、この二見を超えることができません。尊者は巻第十二において、二見を超過することを「断常二見の深坑《じんきょう》を超過する」（巻第十二【身体に対する不浄の観想】）などと幾度も強調されています。仏教の二者対立するものを超えるという空の了知が必要なわけです。

この巻では、断見と常見の幾つかの例を具体的にあげられた後に、その他の邪見が示されています。その中本書の【邪見】では、道徳が行き渡った社会と理想的人間像、また、当時の儒教的理想社会を描いているかのような内容です。これが邪見の例であることを疑問に思う人もあるでしょう。尊者はこれについての自身の評釈は述べておられませんが、

「およそ仏法は主として生死出離の深義を説けども、初門はこの人となる道なり。もし深密の義によらば、この人間世界も仏浄土に異ならぬなり」（『人道随』）

とあるように、釈尊が衆生に説かれたのは「生死出離」、つまりこの迷いの人間世界を出ることであって、世間的な幸福を追求するためではありません。もし、【邪見】の生活に満足するだけでよしとするならば、仏教は早々と歴史の中からそのすがたを消していたことでしょう。この【邪見】の例は在家の法に止まっています。「生死出離」などとは、世間とは遠くかけ離れたことで容易に至るものではないと思われるでしょうが、それを十善戒を契機に普段の生活の中から見出し、縁を結びながら実現していこうとするのが尊者の教えなのです。仏教者である慈雲尊者が『十善法語』を要約・深化させた著作が『仏となる道』ではなく、敢えて『人となる道』とされている意図に注目すべきです。

「たといよくこの十善を守るも、この根本に暗ければ、有漏《うろ》の戒と云うべし。三乗無漏《むろ》の道にいることあたわず」（『人道』二）

有漏とは、迷いの世界にいて煩悩がある状態をいうので、ただ十善戒を教条的に守るだけなら

ば、それは道徳と同じ「有漏の戒」であり、煩悩の世界から出離することはないのです。悪行の報いである苦果を恐れて戒を守ろうとしたり、善の果報を得るための善行は功利的な考えに過ぎません。これを有漏の戒、または有漏善といい、世間的な善行に過ぎないものです。また善行でも、それに誇る心があるならば貪欲となるのです。

「菩提心なき戒行は有為《うい》の楽報を得て人天の下業《げごう》なり」（『法語集』菩提心を発《おこ》して戒を持せよ）

戒とはいえ、ただ道徳・倫理の意識に止まるならば、迷いの基となる分別や執着について、いわんや無明を破る空の教えなどは必要としません。七仏通戒偈《しちぶつつうかいげ》に「諸悪莫作《しょあくまくさ》、衆善奉行《しゅぜんぶぎょう》」（悪い行ないをせず、善行を行なえ）と説かれています。しかしこれは、善行を実践していれば三悪趣（地獄・餓鬼・畜生）に堕ちないというだけのことです。その偈の後半に「自浄其意《じじょうごい》、是《ぜ》諸仏教《しょぶっきょう》」（自ら心を清らかにすること、これが諸仏の教えである）とあるように、意（心）を清《しょう》浄《じょう》にするというところに仏教の宗教たる所以《ゆえん》があり、その根拠と用心を『十善法語』は語ろうとしているのです。

初心では戒を守る努力は必要です。そのような日々の継続があってこそ、戒と自己とが一つになっていきます。

「元来戒法は、虚空の如きものじゃ。われ戒法を持《たも》つと思う念あるようなことでは、金剛の戒波羅蜜《かいはらみつ》ではないじゃ。無念無想にして戒と相応せねば金剛の戒ではない。そうでないと戒に繫縛《けばく》せられたような物じゃ。……虚空と相応したら、自然に戒は具わるものじや」（『金般若』）

虚空とは色も形もなく、全てのものを包んでいるもので、空《くう》の性質に譬えます。空を実際に行じていくことが即ち戒を満足することになります。そして、戒を意識することなく、自然に戒にそった行為が行なわれていくことになるのです。その時はその人の存在そのものが理の具現者＝仏でありましょう。

釈尊は説かれます。

「一切の戒律や誓いをも捨て、（世間の）罪過あり或いは罪過なきこの（宗教的）行為をも捨て、「清浄である」とか「不浄である」とか言ってねがい求めることもなく、それらにとらわれずに行なえ。――安らぎを固執することもなく」（『Sn.』九〇〇）

戒律、宗教的行為、願い、安らぎ……究極はこれらをも捨て去って、ただ修していくことのみ……私たちは、この仏教の源底を憶念してこそ、自己と世界の何たるかを覚るに至るのではないでしょうか。そしてそこに「十善を全くする」という、人としての無垢な生命のはたらきが現成することでしょう。ここに「修すべし求むべからず」（二〇〇頁参照）という言葉も思い浮かびます。

有漏の身は草葉にかかる露なるを
やがて蓮の上とちぎらん（『慈雲大和上御歌』）

巻第十一　不邪見戒　中

死有における業

死ぬ時には、刀の刃のような強い風が体の内側から起こって、体の各部分を切り裂く。頭上から足先まで大苦痛が生じる。意識が朦朧《もうろう》となって、感覚器官が機能を失う。

この時に、一生の間に行なった善悪の業（行為）が目の前に現われてくるが、それはあたかも市場の中に入ってさまざまな品物を見るようである。その業の中で最も強力なものが最初に心を引く。その業の現われ方は、時間に順逆があって一定していない。または、魔がやって来たり仏がすがたを現わしたりもするが、どちらにも心を奪われてはならない。または、思考が転じて色々な形を見たりする。または、恐怖や心地よさを共に体験することがあるが、たとえどのようなものに対しても取捨をしてはならない。ただ正知見《しょうちけん》の人だけが全てにおいて自在を得るということである。

種々の死相

また、経典には次のような説がある。傍で死者の相を看ていて、手を挙げて払いのけたり、虚空を掴んだり、また、白い泡を吐いたり、苦しみもだえて手足が乱れるような類は悪相ということである。柔軟な顔色で、慈愛の相があって命終《みょうじゅう》するか、または喜びにあふれて合掌して正しい心のままであることなどは、全て善相ということである。

大抵は、善相の者は善処に生まれ、悪相が現われる者は悪処に堕ちるということである。もし、臨終の傍にいるならば、仏・菩薩を念じるようにさせて、経典や陀羅尼《だらに》などを唱えさせる必要があるという。身の回りは静かで、夜の明かりも微かな方がよいという。そして、病人の日頃の功徳や善根を褒めたたえてあげるのがよい。たとえ平素から怨《うら》みがあっても、その時は言うべきではない。起居・食事、全て病人の心に適うのがよい。また別の因縁があって、道に達した人でも苦相が現われることがあり、逆に悪人でも苦相がないこともあるということである。

中有《ちゅうう》（中陰《ちゅういん》）

経典の中には、人が死ぬ時、極悪と極善の人を除いて、直ちに中有の形が必ず現われるとある。中有とは、現世の生命が終わって、次に生まれる縁がまだ来ていない中間の時に現われる身心である。この身心は、死有《しう》（死の瞬間）という段階ではなく、来世における生有《しょうう》（生まれる瞬間）という段階でもないので中有と名づける。この中有の期間内に、次に六道（地獄・餓鬼・畜生・修羅・人間・天上）のどこに生まれるかが決定する。

人は生命の縁が尽きたならば必ず死ぬ。それは例えば、高い山から大きな石を転がり落とすと、途中でさえぎる方法がないようなものだ。死んで直ぐに生まれ変わるにしても、その中間の存在がある。もし生まれる所の両親がその子との縁を感じても、父か母に別の因縁があるならば、生まれる縁がすぐにはやって来ないことがある。また は他の縁があって生まれる所が定まらないこともある。その場合は、この中有のすがたのままである。また、次に生まれる場所が決まらない者たちが、中有の間に善縁や悪縁によって変化することもあるという。それで中有の四十九日間に、亡者の親属の者たちは、善を行なうべきことが経典に説かれているのである。

中有出現の比喩

人間の中有は、そのすがたが二、三歳の子供の形をしているということである。この中有が現われることを、経典類の中では譬えを示して、印子《いんす》に泥を入れて作るようなものだとある。この譬えは土の人形などを造ることである。印子というのは押型《おしがた》のことである。人形を作る者が、泥の形をよく整えて型に入れて造る。この譬えは、身近に人々が目にする光景で、しかも、この生死を繰り返す輪廻の様子を理解するには甚だ深いものである。また、版木で紙に押し写すことも、また、鋳物《いもの》を扱う職人が蝋《ろう》で型を作り、それに流し込んで仏像などを作ることも同じである。他の文には、蝋印《ろういん》（封泥《ふうでい》・シーリングワックス）を作る時に泥に印影を付けるようなものだともある。

押型で泥に型をとる時、型をとることと泥にうつることとが同一の時であり、かつ同一の形である。中有もこの通りで、この生命のこの世との縁が尽きる時が、直ちに中有の初めであり、同時でありかつ同一の形である。泥は型でなく、型は泥ではない。泥と型と、その本体は別であるが、必ず型の模様が直ちに泥の模様となるのである。

現在の業と中有

その型と泥の形のように、現世に作った業は中有のすがたと同じではない。そこに顕われる中有のすがたは現在の善悪の業と同じではない。今の業と中有のすがたと、その本体は別ではあるが、今の善悪の業が直ちに中有のすがたとなって現われるのである。型と泥の形とは模様は同一であるが、同じものとは言えない。その泥の形と型とは別物であるけれども、違うとも言えない。その中有の形とこの業とは必ず等しいけれども、同じとは言えないのだ。中有は中有、今の業のすがたは今の業のすがたであるけれども、違うとは言えないのだ。

死有《しう》と中有

死ぬ瞬間と中有のすがたとが同時に成立することを、経典類では比喩を用いて明らかにしているが、それは秤《はかり》と錘《おもり》が上がったり下がったりするようなものとある。つまり、秤で物の重さを決める時、右が上がれば左が下がる。左が上がれば右が下がる。下がることと上がることとは必ず同時である。その生死が去来する様子もそれと同じで、ここで死ぬ時が中有が現われる時である。

中有と生有《しょうう》

この中有より生有（生まれる瞬間）に行く場合にも、また同じように型に泥を押すようなものである。中有の念がそのまま次の生有を成立させる。これもまた、秤と錘の上がり下がりのように、中有が滅する時が直ちに生有の最初である。

中有と業

死の時には意識が弱ってはいるが、無量の善と悪の業、煩悩と迷いを具えて中有に移ることは、大きな船にさまざまな器財や穀物を積んで、その船をつなぐ縄を解いて出港するようなものである。この中有の身体は微かなものであるが、無量の善と悪の業、煩悩と迷いを具えて生有に輪廻することは、大きな船にさまざまな器財や穀物を積み貯《たくわ》えて、帆が受ける風に任せて往くようなものである。

中有の期間

『倶舎論《くしゃろん》』・『瑜伽論《ゆがろん》』などに説かれているところによると、中有から人間として生まれるのに必ず七日以内とある。もしその時、父母との因縁が熟していないならば、また七日間の死を迎えて再び中有として生じる。この中有の寿命は七日が限度だからである。また、その期間を七回繰り返し、四十九日には次の生が決定して生まれるとある。他の経典には、それ以上の長い期間の場合もあるとされる。

時の真実

過去・現在・未来の三世も、妄想が書きたてた夢のようなもので、そこに実体のない色々なものが仮に現われているだけである。このようなこともよくよく思惟するならば、からりと真実が開けなくてはならない。

一日二日であっても決して短くもないことを知れば、今日というこの日が真実の一日となる。明日も真実の一日となる。夜も真実のものとなり、昼も真実のものとなる。一瞬の時間でさえ真実の時間となる。五年十年百年千年が長いわけでもないと知るならば、五年十年も真実の時間となる。果てしなき未来までも真実の時間となる。

今ここに言うところの真実とは邪悪な思惟のものではなく、仏の最高の悟りでの真実なのだ。夢で譬えるならば、五年十年にわたる長時間の夢を見ても、夢から覚めればそれはほんの一瞬の時間である。本来、夢というものは想念から現われ出たものなので、世間の常識的な時間と比べて長短を言うわけにはいかないのだ。

人間界と中有の時間

中有の時間もこれと同じで、ただ業が転変していく経過での長短なので、人間世界の年月に相当するのではない。この人間世界の時間は、ただ人間世界の時間であって中有の長短と同じではない。中有の時間の長短は、ただ中有の長短で人間世界の時間ではない。一日二日が短いわけでもなく、十年二十年が長いわけでもなく、縁がなければ一瞬の間にも数十年が過ぎてしまう。縁があれば数十年も一瞬の時となって生を受ける。本来、輪廻する業のすがたに実体はないのである。中有での時間の長短も、現世の人間の時間の長短も、稲妻を物指にして陽炎《かげろう》を測るようなものである。

空間の真実

この中有の特質として、たとえ千里万里の距離を離れていようとも、自分の生まれる縁の場所を見る。また、その場所の音を聞くのである。たとえその中間に、多くの国土や山川、集落があっても、全て所詮は亀の毛やウサギの角のように無いも同然である。ただ自分と因縁のある場所が自分の目が届く場所であり、目の届く場所が自分の生死のある場所なのである。

譬えて言うならば、ここに寝たままで出羽《でわ》や奥州《おうしゅう》のことを夢で見る。長崎や対馬のことも見る。その中間の山川や集落・人物がどれほどあろうと亀の毛やウサギの角と同じで存在するものではない。縁起というのは、本来、この頭で考えて判断できるようなものではない。千里万里の距離が遠いというわけではなく、近辺の家々が近いというわけでもない。本来、真理というのは遠・近という対立を離れたものである。面白いことだ。周辺には国々がたくさんあるが、妄想の心が夢のように仮に現われただけで実体はないのである。

このようなこともよくよく考えれば、からりと真実が開けなくてはならないのだ。百里千里が遠くではないということを知れば、中国もインドも本来のすがたとなる。新羅・百済も本来のすがたとなる。見たこともない中国が真実となれば、名前を聞いたこともない世界も本来のすがたとなる。

眼前のわずかな距離のものが、必ずしも近いわけではないと知れば、近辺の家々も本来のすがたとなる。小さな身体も本来のすがたとなる。目に見えない極めて小さな塵のような物も本来のすがたとなる。この真実の存在は邪悪な思惟のものではなく、仏の最高の悟りからの出現なのだ。夢の中で百里千里の遠くの事を見るのも、ただ一寸四方の心の中の転変と言えるのだ。この一寸四方も、本来はきまった尺度で測れるわけでもないので、必ずしも一寸四方が近いということでもなく、百里千里が遠いわけでもない。

中有の空間

中有もこのように業の力が引く場所であるから、百里千里の距離でも眼前と同じである。逆に、因縁がない場所ではわずかな距離でも千里と同じである。眼前が近いわけでもなく、百里千里が遠いわけでもない。現在いる場所も、中有の場所も、本来、陽炎《かげろう》を伸ばして春風を繋《つな》ぐような幻の場所である。

中有の眼は、全てを見通す神通力の眼のように、障害物の外まで見通すことができるとある。不思議なものである。その中有の目に見える場所が次に生まれ出る場所であり、そこに生まれる一生の財力・地位や人間関係、苦楽の度合い、人生の浮き沈みが定まる。生まれる国土と中有の心とは同じとは言えないし、違うとも言えない。国土のある場所は心の生ずる場所であり、心の生ずる場所が生まれる場所であり、一生の苦楽と浮き沈みがある場所である。その場所に心が移って往くことは、天上の月が水にそのすがたを映すようなものである。この国にたとえ百千万の家があっても、他の家はこの眼が見る所ではない。ただ生まれる家だけが中有の眼の見る場所である。その見る家が生まれることに決定する場所である。

生有の条件

この中に、次の一生の間の親族・貧富、勢力と地位が定まる。その血筋と親族と中有の心は同じとも言えないし、違うとも言えない。この血筋と氏族が心の生ずる場所であり、心の生ずる場所が次に生まれる場所である。

その家に、たとえ百人千人の人がいたとしても、他の人はこの中有が見る対象ではない。ただその父母となる人のみが目に見えるとある。

親子の因縁

この父母と中有の心と、同じとも言えないし違うとも言えない。この父母が中有の心が生ずる場所であり、心の生ずる場所が次の生が生ずる場所である。その時、中有の心には父母に必ず親愛の情が起こるとある。この中有の親愛の情が起こる時が、その父母の男女の交わりにおける親愛の心と必ず同時とある。これも、その父の親愛の心と母の親愛の心と、その子の親愛の心とが同じとも言えないし違うとも言えない。この父母の交わりが中有の心が生ずる場所であり、中有の心が生ずる場所が次の生を受ける場所である。

なぜこのようなことが起こるのか。本来、一切の衆生は全て平等である。この平等性という理法は、縁が熟すればものごとが生じ、縁がなくなれば滅する。好ましくない縁であれば互いに怒りが生じ、望んだ縁であれば互いに親愛の情を起こす。このような因縁による現象の変化は、本来、ものの本性には関わりのないことであるが、生死の迷いの世界の中であれば必然的に免れることができないのだ。

中有の体と心とは、微《かす》かで識別しがたいものであるが、大きな船にさまざまな器財や穀物などを載せて、帆に風を受けるがままに港に走りこむように、過去の善悪の業、一切の智恵も迷いも、賢さも愚かさも、福徳も、苦しみや災難など、さまざまな業を全て保ったままで生有《しょうう》（生まれる瞬間）に向かって行くのだ。

この時、父と母との二滴の血が中有の見る場所であり、過去の業の依り所であり、次の生のすがたである。この父母の血と中有の心と、同じとは言えないし違うとも言えない。父母の血が中有の心の生ずる場所であり、中有の心が生ずる場所が次の生を受ける場所である。

生有と業

初めに母体に宿る時のすがたはとても微かな存在であるにもかかわらず、それからの一生の苦楽と人生の浮き沈み、技能の上手・下手、運の強弱など、全てがここに具わっている。よくよく考えれば面白いものである。

業報によって現世での一生の身体が出来上がる。その内の少しは父母の善悪行から影響を受けて、その子のすがたや智恵も変化する。また、母の日常生活、食物や衣服、心の状態と行為によって、その子の健康状態の良し悪しも変化するようであるが、大部分は自分の業によって決定してこの世に生まれ出るのだ。

出生の後は、両親の養育、食物や衣服などの違い、家庭の状況や経済状態の差、行ないの高下、交友関係のあり方、苦労と安楽、悲しみや喜び、技能の上手・下手、力の強弱など、みな現在目に見る通り人それぞれである。

善悪業の決定

習慣がその人の性質となる。父母や師の教導の力によって、善からまた善へと進んでいくけれども、およそ業が熟してしまったことは変化しないものである。このようなことから、現在の自分の行為を慎むべきである。智慧のある者は、善悪の行為は直ちに報が成立する時であることを知っている。

六趣の中有と輪廻

地獄も餓鬼も畜生も諸天も、それらを比べてみればその苦と楽、浮き沈みは大いに異なる場所ではあるが、業の種子《しゅうじ》が出来ることと、中有が現われる道理は同じである。

人間などの中有は苦と楽が交じり合い、浄と不浄とが入り混じっているとある。その中でも福徳の人は楽しみが多く、無福の人は苦悩が多いとある。地獄などの中有は、ある者は熱風が身に迫り、寒風に苦しみ、ある者は恐怖の顔で、ある者は炎に取り囲まれているとある。

経論の中に、「輪廻する迷いの世界に生じる者は、必ず執着が原因で生を受ける。天上界に生ずる者はその世界の清らかな宮殿楼閣を見る。ある者は舞楽や音楽に心を寄せ、ある者は木々や沐浴する池などを見て生を受ける。地獄などに生ずる者は、寒風に悩まされ、火の光に愛着を起こして熱気で苦しむ地獄に往き、ある者は熱風に追われて涼しげな池を求めて寒冷の地獄に生を受ける」とある。

淫欲の多い者が、剣のような葉をもつ木の上に美しい女性を見て、ここから心が離れず苦を受けるなどのことが説いてある。餓鬼と畜生もこれと同じで、生ずる時は、必ず執着心を起こして生を受けるということである。実体としての自我を認めることによって業を積み重ね、執着心によって次の生を受けるのは、全ての凡夫に共通のありさまである。

【解説】

この世界には因果関係があると考えるのは仏教だけではありません。どこの国の人でも、物事が全て偶然に起こっているとは考えないでしょうし、西洋哲学でも因果は論じられています。しかし、

「三世に亘《わた》りて明了《みょうりょう》なることは、ただ仏法の中にのみあるじゃ」（巻第十二【三世にわたる因果】）

とあるように、過去（前世）・現在（現世）・未来（来世）の三世にわたる因果を説くのは仏教だけです。その因果を死有《しう》――中有《ちゅうう》――生有《しょうう》という身心の変化と、それに伴う業相の動きを明らかにされたのがこの巻です。『倶舎論《くしゃろん》』や『瑜伽師地論《ゆがしじろん》』、『婆娑論《ばしゃろん》』等にも説かれていますが、それに加えて尊者がみずから感得された境涯がここに示されています。

現世での死の瞬間（死有）から来世の再生の瞬間（生有）までの過程を、読者は興味深く読まれることでしょうし、この流れを知っておくことは、やがては必ず迎える自分の死の様態を知ると同時に、現世をより豊かに生きるための気づきにつながります。しかし、このような転生のしくみのみに心を惹かれていては、肝要なことを読み落としてしまいます。

本来この巻は不邪見が主題なのですから、まず因果を認めない断見の人に対して、因果というものがどのように移行していくのかをここで説明されているのです。その中、業相が相続する譬

えで、現世の業相の全てを大きな船に載せて死有から中有に移っていき、それがまた来世の生有へとそのまま移っていくとあります。ここで注意すべきことは、多くの人がその船を実体視して常見を起こすことです。一個の不変の魂を想定してはなりません。仏教は変化しない固定的な魂が永遠に存在するとは説きません。それは、尊者が前巻で常見の例をあげて、

「胸の中あばら骨の間に、昭々霊々《しょうしょうれいれい》たる物が一物あるように覚ゆるじゃ。死する時には、もしは目より、もしは鼻より飛び去りて……譬えば舟に乗る者の輿《こし》に乗りうつる如く、窮《きゅう》民《みん》のこの屋を出《い》で、彼の家に往き住する如くと」（巻第十【常見一】）

と述べて、この見解が邪見であることをあげておられます。また、

「三世の因果はただ現今の一念心の中に具足して、微塵も違わぬものじゃ。それじゃが、もし一念心の中に何ぞ有るものじゃと思うたら、また大いに違うことじゃ」（『法語集』因果無人）

とあります。この業果が永続しているかのように起こる現象を、変化のない固定化された一物が移行していると見るべきではありません。そのために、現在の業相と中有の業相とは、同一でもなく異なるものでもない（不一不異）、という表現がなされています。ですから、これは断見を否定する条件とはなっても、これによって決して常見に陥ってはなりません。かえって邪見を起こすことになるのです。

次に、死有・中有・生有という変化と共に、時間と空間の真実を説いておられることは、私た

ちの偏った視野を破り、別の角度から生きるヒントが与えられることになるでしょう。

現世の時間は、人間によって計算された、また、社会の規則的な時計の時間に過ぎません。しかし、私たちが非常に長いストーリーの夢を見ても、それに費やされた時間は一瞬であることは現代でもすでに知られていることです。夢は「想念の所現」（【時の真実】）であり、心は私たちが考えている時間の長短をはるかに超えてはたらいています。尊者も、死の瞬間に一生の善悪の業相が出現すると語っておられます。このことは、世間では浄玻璃鏡《じょうはりきょう》（生前の善悪の行為が映る鏡で、閻魔《えんま》がこれを見て検証するという）の話で知られています。これは一念の中に全ての時間と空間を含む証でもあるのです。

中有（中陰）の期間を世間では四十九日としていますが、実際には中有の時間は夢の時間の場合と同じで、人間界の時計による日常の時間の単位は通用しません。

「刹那際裏《せつなさいり》に劫数《こっしゅ》を建立する。妄心夢中《もうしんむちゅう》に種々の境界《きょうがい》を見る」（巻第一【殺生の業成】）

という具合です。すでに肉体がなく想念だけから生じる時間ですから、

「一日二日が短きでもなく、十年二十年が脩《なが》きでもなく、縁来らざれば一刹那の間に数十年を経るじゃ。縁来れば数十年も一刹那に摂《せっ》し来りて即ち生ずるじゃ」（【人間界と中有の時間】）

とあるのが中有の時間の性質です。私たちも実はこの時間を日常生活において経験しています。例えば、苦しい時間は長く、楽しい時間は短いと感じるようなことです。人間が決めている時計の時間は同じですが心の時間は違っています。肉体がなくなると意識だけの世界ですから、心の

ままに時間は存在するのです。つまり、四十九日の中陰は人間が仮に設けた期間です。

このことは、空間にも同じことが言えます。肉体がない中有の存在は肉体に制約されることがないので、

「眼前が近きでもなく、百里千里が遠きでもない」（【中有の空間】）

これを夢に譬えるならば、

「夢中に百里千里の事を見るも、ただこれ方寸の中の転変と云うべきことじゃ」（【空間の真実】）

方寸とは、胸の中にある一寸四方のところの意で、心の在所《ありか》を譬えたものです。「方寸の中の転変（変化してそこから展開すること）」ということからいえば、この世界の全てが識の転変（現実に見ている世界は自分の心が造り出したもの）です。この学びによって私たちの日常生活の意識は一段と広がり、眼前に事物が存在する意味も理解できてきます。

「目撃に道存すと云うべし。目撃ならざるも、道相通《あいつう》じて乖異《かいい》なきじゃ。千里万里も可なり。眼々《げんげん》相対するも可なり。言詮喃々《ごんせんなんなん》丁寧なるも可なり。黙して多劫《たこう》を経るも可なり。ただ知る人のみありて知るじゃ」（巻第七【禅定相応】）

この巻で時間と空間を学ぶ理由は、この世の時間と空間が死後のそれとは異なっていることを知るためだけではなく、私たちの現世の時間も時計だけの時間で生きているのではないという自覚に至り、今の時間の既成概念から自由になるためです。一念心に時の長短がないならば、一瞬一瞬が人生の全てを含む大切な一瞬です。人生を百年と計算することもなく、残り少ない人生が

見えてきた年齢になっても、時間に縛られることがない心境も生じて来ることでしょう。人は、生きている今も死んでからも、同じ時間を過ごしているのです。戦場に彷徨《さまよ》う亡霊は、千年経ってもまだ戦いから解放されていないのです。このような時空の真実を知らず、学ばず、心の工夫もないことが迷いとなります。

尊者自身も日常生活において、このような真実の時を実感しながら過ごされていたようです。尊者が了渓居士に宛てられた手紙には次のようにしたためられています。

「此方《こちら》と貴隠《きいん》と非一《ひいつ》非異《ひい》なり。此方へ来り給うも不来《ふらい》の来なり。この心にて願心を以て此方へ御成りあるべし。自然に此方へ相通ずる事に候。生滅を見て滅するは妄想なり。来去の念ありて来るは妄想なり。自然に相通ずること、甚深《じんじん》にして尽《じん》未来際かわることなし」

人に接する時も、物に対する心構えも、日常に起こる出来事にも、悠然と構え、仏の教えのまま何のこだわりもなかった生活ぶりが見受けられます。時間と空間の真実に目覚めた時、今の私たちの通常の感覚は、全く違ったものとして広がっていくのです。

現世と中有の時間と空間は、どちらも実体（永遠に変化せず、他に依らない自立した存在＝自性）なく、仮に現じているに過ぎません。

「過去・現在・未来の三世も、ただこれ妄心夢中、色々と現ずるのみにて、元来実体なきじゃ」（【時の真実】）

「十方世界種々国土あるも、妄心夢中に色々と現ずるばかりで、実体なきじゃ」（【空間の真実】）

実体がないのは時間と空間だけではなく、

「元来業相の転変は実体なきもの」（【人間界と中有の時間】）

ですが、これは、

「法は遠近《おんごん》を離れたるものじゃ」（【空間の真実】）

とあるように、真実として一切のものは私たちが考える価値観の枠を超えているのです。私たちが考えている一切の事は、この全世界（宇宙）を一つの観念によって見ているに過ぎません。道元禅師が「よもの世界あることをしるべし」（『正法眼蔵』現成公案）と説かれていますが、今の私たちのあらゆる物への見解は、この広大な世界の中の一つの立場に過ぎないのです。特に、仏教者ならば俗世の限定された概念に留まるべきではありません。時間の概念についての例として尊者は次のように示されます。

「『華厳経』の中に、凡夫の一念の中に微塵数《みじんじゅ》の菩薩あって同時に正覚《しょうがく》を成《じょう》ず、一念の如く念々もまた然《しか》りとある。聖者の一念ともない、凡夫の一念とある。二千七百年の前に釈尊が出現して無上菩提を成じなされたが、釈尊は已《すで》に菩提を成じなされて自身はまだ成ぜぬと思うか。仏法は元来そうしたことではない」（『法語集』三帰大意）

二千七百年も前に釈尊が悟られたというのは仏教史上の出来事に過ぎないのであって、そのような縦軸の時間ではなく、現在の私たちの心と釈尊の存在に遠い隔たりがないことが宗教的体験です。この時間と空間の体験を教えることが仏法です。二千七百年前の釈尊の悟りは現在の私たちの一念一念の中にあります。私たちと釈尊、そしてその教えは、このような時間と空間を共有し、超脱した関係でなくてはなりません。

これに類することは、尊者晩年の神道（雲伝神道）説で高天原《たかまがはら》（神々の居所）の存在を説かれた中に、

「麁細《そさい》をいうべからず、古今をいうべからず」（『人となる道略語随行記』）

「天地いまだ開けざる時じゃ。昔のことかというに、今日にあるじゃ。現前としてあるものじゃ」（『双竜大和上垂示』）

とあり、現今の私たちと高天原との間に時間・空間の差異がないことを示されています。どこか遠い所に神仏の世界があるのではないのです。このような場所に心が至ったならば、現在の自分の場所、あるべきすがたも見えてくることでしょう。

次に肝要なことは、中有から生有に移行する時、執着が心の行き場所を決定するということです。

「我相によって業を貯《たくわ》え、愛心によって受生するは、一切凡夫の通相じゃ」（【六趣の中有と輪廻】）

「我」（実体・自性）を認めることによって、執着が起こり、生有の場所が決定します。現在の私もその場所で思考し行動しているのです。自分が過去より経験してきた愛心（愛着）の場所で心は彷徨《さまよ》い、それによって自心は繋がれています。その執着から今も離れられないでいます。その場所が今の自分の生きている世界です。自分自身を振り返ってみても、常に自分の想いの場所に心が向いていることが自覚できます。そしてその場所を好むと好まざるとにかかわらず居続け

ているのは自分自身です。そしてその場所を変えることができるのも自分以外には存在しません。もしその場所に苦悩があるとすれば、その苦悩からの解放には何が必要なのでしょうか。

「ただ正知見《しょうちけん》の人のみありて、法に自在を得るということじゃ」（【死有における業】）

心の解放のためにこそ、この不邪見戒の説によって、理に順じた行為と法の憶念が必要なのです。

雨ふるやいなやと問ふも頭より
足に至るの御法なりけり（『双竜大和上御歌』他）

慈雲尊者筆「壽量比南山」

巻第十二　不邪見戒　下

業報は周知の事実

善悪の行為による報いがあることは、古今の聖人・賢者の誰もが一致している説である。『易』に、「積善《せきぜん》の家には必ず余慶《よけい》あり、積不善の家には必ず余殃《よおう》あり（善を積んだ家には必ず福が子孫に及ぶ。不善を積んだ家には必ず災いが子孫に及ぶ）」とある。見てみよ、俗世間でさえこのように説く。この言葉が嘘でなければ業報があることも信じられる。この言葉は仏道の正知見に近いであろう。たとえこの見解が仏道のように三世（過去・現在・未来）にわたって因果の報があることを知るに至っていなくても邪見とは言えない。

経典の中にも、釈尊は十四難（死後の世界が存在するかなどの十四の形而上学的な質問）にはお答えにはならなかったとある。死後魂が去るか去らないかは、むしろ自分で知るべきことである。釈尊の正法《しょうぼう》がインドからこの東方に伝わってくる以前も、真実の道が隠れていたわけではない。

仏がこの世に出られようと出られまいと、道は蔽《おお》い隠そうとしても隠せないものである。

信を能入とす

『中庸』にも、「国が興《おこ》ろうとする時には必ずめでたい兆《きざ》しがあり、国が亡びようとする時には必ず不吉な兆しがある」とある。初心の者はこれらを信じよ。そうすれば次第に正知見を得る基となる。

ここに信じるというのは、聖人・賢者の書物を書いてあるままに受け取ることである。または、説かれている道理をもっと広い範囲にまで拡大して信じることである。その道理を判断するのは聖者・賢人で、凡夫がやることではない。『鬼神論』（新井白石著）では、宋時代の儒学者が主張した理学（朱子学）を解釈しているが、全て無駄な論である。

いずれにしろ因果報応を信じなければ世間は暗闇である。信がなくて言えば言うほど理屈を並べているだけである。

三世にわたる因果

この善悪報応・神祇などは、仏道や他の聖者・賢人がそろって語ることであるが、因果が三世（過去・現在・未来）にわたる道理を明瞭に説くのは、ただ仏法の教えだけである。もし、この現世で生きている間に鬼神（霊魂・神霊）の由縁に通じ、因果の奥義に達し、正しく因果の理を知る智慧を得ようと思うならば、今のこの場所にこそ道がある。それは今のこの人間界の出来事や事物に現われているのであって、その他の世界に求めることではない。

今時の心の浮ついた者の癖として、好んで高尚な理屈を語る。それは間違ったことだ。高尚な理論の多くは真実味のないところに行き、本当の修行とはならない。釈尊や賢人・聖者の趣旨を見てみよ、高尚である必要はないのだ。

身体に対する不浄の観想

まず次のように憶念せよ。

現在の自分の身体は肉と血の塊である。生まれてから死ぬまで、また死後でも、膿《うみ》や血液、それに不浄で臭く汚いものが絶えず流れ出る。身体はこれに極まる。まずはこのことを徹底して疑わなければ正しい智慧を得る基となる。断見と常見の二見の深い迷いを超越する。全ての名利の心はここに抜け出ていく。慢心によって他を侮《あなど》る心はここに全て抜け出ていく。五欲（眼・耳・鼻・舌・身の感官の欲望）の感覚対象（色・声・香・味・触）への執着は全てここに解脱する。

この名利と五欲と我への執着を脱する時、雲や霧がなくなって澄みわたった月を見るように、人の道も明らかになり、天命も明らかになる。真実の智慧の光がこの世界の全てを照らすのである。難しいことではないが、それでいて実に奥深いのである。

人生と病

体内では、五臓六腑のはたらきに差があり、骨肉や皮膚にも強弱があり、外の環境では風が吹いて寒かったり、暑くてじめじめした時もあり、気候が順調なこともあれば不順な時もある。また、身体の内外からの縁によってさまざまな病を生ずる。生身の体であれば病がないことはなく、病があればさまざまな苦しみがある。それは人に鞭で打たれるよりも苦しむ。地位や知恵のあるなしに関係なく、誰もがそうであることは目に見る通りである。このことを徹底して疑いなく観察すれば、智慧による正しい認識を得る基となる。断見と常見の深い迷いはこの中から超えていくことが可能である。

この身体がしばらくは健康であっても、また一時的に病で悩み、それが平癒して健康になったかと思えば、またさまざまな病を生じる。月日を送り年を重ねて、何か事があるかと思っているうちに、とうとう年をとって体が衰える。皮膚は皺《しわ》だらけになり、歯は落ち、髭《ひげ》も髪も白くなる。腰はかがむ。目は見づらくなる。耳は遠くなる。これはもうどうしようもないのだ。たとえ智者が天地と古今の道理に通達しても、これを免れることはできない。どんなに重い物を持ち上げる千人力の勇者であっても、これを免れることはできない。

このことを徹底して疑うことなく観察すれば、智慧による正しい認識を得る基となる。断見と常見の誤った迷いはここに超越する。今、ほんのわずかな期間の若さに任せて、さまざまな戯れと遊びに興じることに心を寄せ、気ままに月日を送ることを迷いというのだ。

人生と天災・人災

愚かで道理を知らない者の習性として、世間を怨み、人を怨んで、自分で嘆いては他人を悩ます。これを迷という。また、しばしの間の繁栄に紛《まぎ》れて、さまざまな戯れと遊びに心を向けて、気ままに月日を送ることを迷いというのだ。

しばらくの間憂いが来たかと思うと、次に喜びが来る。この憂いが去れば、また他の憂いが来る。この喜びが満たされればまた他の願いを起こして、心のあわただしさが止むことがないうちに、遅かれ早かれ結局死んでしまう。世のありさまはこのようなものである。これに極まる。たとえ月は熱く太陽は冷たいと口では言えても、このことは言い消されぬぞ。

このことを徹底して疑うことなく観察すれば、智慧による正しい認識を得る基となる。断見と常見の誤った迷いはここに超越する。今日も無駄に過ごし、明日も無駄に過ごしておきながら、その上に百年千年先のことに望みを抱いているのを迷という。多くの人が自分の足元を忘れて難しく高尚なことを考えようとする。また、自己の内に本来具わっている宝（仏性）を忘れて、外に真実を求めようとする。邪見に堕ちてしまうのは当然だ。

憂悲苦悩も入道の基

苦があるので悩む。これも苦が先とも悩みが後とも、悩みが先とも苦が後とも言えない。要するに、一念の心があれば、一念の憂いと苦悩があり、多くの念を起こす心があれば、多くの憂いと苦悩となる。五十年百年の心のはたらきがあれば、五十年百年の憂いと悩みとなる。限りない未来への心のはたらきがあれば、限りない未来の憂いと苦悩となる。

この身心の憂いと苦悩の場所が、あらゆる賢人・聖者が道に入っていく基となる。これらのことは、福徳の具わった人と共に語るべきことであり、名利五欲の世界の人と語るべきことではない。

身心去来の本源

この身体と心はどこから来て、どこに去って行くのか。どこに生じてどこに解脱するというのか。これはただ、偉大な聖者である釈尊のみに明らかであって、全ての賢人・聖者が憶念し修行するところである。ここに大きな疑問を生じて確信を得た人を大丈夫という。古人も「大疑《だいぎ》のもとに大悟《だいご》あり（全身が徹底的に疑いそのものに成りきった時に本当の悟りが開ける）」と言う。ここに心を寄せるべきことを知らずに、苦が来れば苦に悩まされるばかりで、苦がどこから来るのかを知らない。むやみにその苦から逃れようと考えてさまざまな妄念を起こす。世間を非難し人を咎《とが》めて常に心が安らかでない。この者を迷いの凡夫というのである。

生まれ出た初めを知るならば、その終わりの死を知る。死の終わりが明らかであれば、死後去って往く場所も明らかになる。現在のありさまを知れば、過去の業がどのようなものであったかも知れる。現世の身心を詳細に観察すれば、未来の苦楽も知れてくる。

生時からの相違

自分を省みてみよ。この身体は皆がよく知っているように父母の肉血の余分である。その肉血はどこから生ずるのか。肉血は肉血から生じ、それは、水と穀物が集まってできたものである。生まれ出た時の心はどのような心であろうか。腹が減れば泣き、寒ければ泣く。乳を口に寄せれば吸う。父母を認識することもない。この何でもない行動に、前世からの福を持ち合わせる者は、すでに眼の中にすぐれた気性が顕われる。このようなことも、十分に思惟する者は智慧による正しい認識を得る基となる。

過去世の記憶と業報

心が明らかですぐれた者の中には、まだ欲望が起こらない子供の時に不思議なことがある。過去世での習慣をかすかに思い浮かべ、知るはずのない楽しい遊びごとや芸事などに心を寄せることがある。また、この世に生まれて、一度も対面したことのない人のことを考え、行ったこともない場所の自然や集落が夢に現われる。または、誰が教えるということもなしに志が起こったりする。このように人が知りようもないところに、業の報いが間違いなく存在することを自ら知るのである。

または、まだ教えてもいない行動をとる子供もいる。孔子が子供のころに礼器をならべて礼儀の動作をして遊んだという類がそうである。

また、見たり聞いたりしたことがないことを言い出す子供もいる。晋《しん》の武将である羊叔子《ようしゅくし》（中国の三国～晋の武将）が前世で遊んだ金環を欲しがったことや、鮑太玄《ほうたいげん》（晋時代の官吏）が、前世は井戸の中で死んだという事実を語ったというような類である。このようなことは、自ら知るだけではなく、両親や兄弟、乳母などの目にも見えることである。これらを詳しく憶念する者は、智慧による正しい道を得る基となる。

ためしに六、七人の子供を直接育てて教えてみよ。その中では性格の違いや行動の差から、業の力に従うことを免れ得ないところがあると知るべきである。今時の者が真実の道を得ないのは、そのような身近なことを抜きにして高尚な理屈に走るからだ。足元にあることを知らずに自己の外ばかりに求める。そのようなことではたとえ百年、千年たっても真実を得る時節はないぞ。

念と時間

物事が過去のことであれば、この心も過去にある。未来のことであれば心も未来にある。現在のことであれば心はここにある。このように対象に応じて心にも時間の長短がある。業にも長短があるので心にも長短がある。

思考の対象となるものが浮かんでくると心は起こり、対象がなくなれば心は消滅する。心が消滅すれば痕跡がないようであるが、ほんの一瞬だけでも心が生じれば、必ず留まって離れない場所がある。特に強烈に考えたことや、何度も憶念したことは永く忘れないものだ。このように習慣によって心に染み着いたものは、どこに留まるのであろうか。

身体は常に代謝して入れ替わっている。虚空も留めるものではない。この永く忘れることがない記憶はどこで覚えているのであろうか。脾・胃・肝・胆などの五臓六腑も、眼・耳・鼻・舌・身もただ肉の塊である。このことをよく思惟して明了にするだけの力を得たならば、この真実は明白になる。それは真昼に大きな道を歩いて往くようなものだ。

念の生滅と相続

心が起これば必ず滅して、少しも留まることがない。この心が起こっても次々に滅していくことを徹底して疑うことなく心を観察すれば、常見という深い迷いをはるかに超越する。この心は連続して起こり、少しも隙間がない。この心が連続することを徹底して疑うことなく観察すれば断見の深い迷いははるかに超越する。

今日の心は昨日の心ではない。昨日、身体に苦があり心に悩みがあったとしても、今日思い出すことはただその影だけである。今日、楽しいことがあって心が喜んでいても、昨日の心が知っていたわけではない。悩みは喜びとは相違する。喜びは悩みとは相違する。日々このように、夜毎このように、一念一念がこのように、一瞬一瞬がこのように、一日が過ぎ、一月が過ぎ、季節が変わる。壮年は幼児とは異なり、老後は若い時とは異なる。

このように、後の心は前の心ではないのだが、一定の性質——例えば頭の良し悪し、上手下手など——をそのまま受け継いで続いていき、一生の心となる。これを川の水の流れに譬えるならば、雨の前の水は雨の後の水と異なるけれども、水の流れとして絶えることがないようなものである。

心が物に向いていたかと思うと次には香りに移り、香りより声に移り、また物に移り、味に移り、香りに移り、感触に移る。これを一台の車が西から東へと引かれていくように思うのは間違いだ。一匹のサルがいて、六ヶ所の窓から次々と顔を出すようなものと思うのは間違いだ。一個の不変の実体が連続しているのではない。このことは、水の暖かさや冷たさは説明よりも自分で触れてみないと分からぬように、体験する人にしか分からぬ。

念と念相

昨日の心が騒がしいものであれば、今日も安らかではない。昨日の心が寂静《じゃくじょう》であれば、今日も穏やかである。老後に迷いがないのは、若い時の修行の功績による。死の床で心が乱れないのは、日々の禅定の力によるのである。これを流れる水に譬えるならば、前の流れが急であれば、後の流れも穏やかではない。支流に滞りがあれば、源流が安らかではない。溝が通れば川が溢れることなく、海が無限であれば、多くの川が流れ込むようなものである。

前の心と後の心とは同じとは言えないし、違うとも言えない。一瞬一瞬に起こる心は次々と生じては滅していて、実体というものはないが、後の心は必ず前の心に似たものが起こる。ここは一挙に断見と常見の二つの見解を、はるかに超過しなければならないところだ。

今日の心は昨日の心ではないが、必ず昨日の心に似て現われる。今月の心は先月の心ではないが、必ず先月の心に似て現われる。今年の心は昨年の心ではないが、必ず去年の心に似て現われる。現世の心は過去世の心ではないが、必ず過去世の心に似て現われる。来世の心は現世の心ではないが、必ず現世の心に似て現われる。

心と習慣

　このように、過去・現在・未来の三世にわたって誰が主となることもなく、対象のものに対して心が瞬間的に起こり、そして全て滅していくが、ではその痕跡がないかというとそうではなく、これまでの習慣による心によってさらにその性質は強くなっていく。

　例えば、瞋恚を習慣としている者は多くの瞋恚の心が生ずる。この習慣を止めなければ、最終的には残忍で非道の衆生となってしまう。愛欲を習慣としている者は多くの愛欲の心が生ずる。この習慣を止めなければ最終的には身心が虚弱な多婬の衆生となってしまう。これを身近なことで譬えるならば、詩歌に心を寄せる習慣のある者は、その多くが詩や歌を作りたいという感情に駆り立てられる。計略することを習慣としている者は、その多くは計略することが巧みになる。芸能を習慣としている者は、その多くが芸能に妙を得るようなものである。一つ一つ広い範囲にわたって当てはめて憶念してみよ。

　今の時代の者は、この心がまさにここにあり、この道がここにあることを思わない。人の行為にこそ顕われていることを思わない。道は今も昔も一貫して明らかであることを思わない。ただ妄想を盛んにするばかりで幻影に迷っている。

四季の観想による二見の超過

この心と対応して暫《しばら》くも止むことなく移り変わる目前の外の世界をよく考えてみよ。春が夏になり、夏が秋になり、秋が冬になり、また春に巡ってくる。春が夏に移っても、この夏は必ず春に似て少しずつ移り変わってくる。夏が秋に移っても、この秋は必ず夏に似て少しずつ移り変わってくる。秋が冬に移っても、この冬は必ず秋に似て少しずつ移り変わってくる。この冬がまた次の春に移って、今年は去年とは違うけれども、今年は去年に似て移り変わってくる。

このような変化を見ながらも常見を起こすのは、起こす者の迷いである。断見を起こすのは起こす者の迷いである。全ての草木も花が咲けば実がなり、実が落ちればまた花を咲かす。一つの花が蕾をつけ、咲き初《そ》めたかと思うとすぐに散ってしまう。これは常見を起こしようもないすがたである。今年の春の花は必ず去年の香りに似て咲く。これは断見を起こしようもないすがたである。

善悪の行為と境涯

善悪の行為による果報があるということは、信じて信じそこないがない事実である。迷いの世界に輪廻していながらも断見と常見の二見を超越すれば必ず正しい智慧を生ずる。その智慧が生ずれば、その迷いの世界にいながらにして自在の境地を得る。どのようなところでも間違った見解を起こすことがなくなる。真実の世界が自分の心と一つとなり、この心を離れて真実の世界はないのだ。その真実の世界は欠けることなく円満であるので、心も円満であり、この心が円満であるので、あらゆるものも円満なのである。

仏の了々常知の処

仏は修行の途中で、どのようなことを実践されたであろうか。三乗（声聞乗《しょうもんじょう》・縁覚乗《えんがく》・菩薩乗）の賢人・聖者は、城を捨て、王位も捨て、樹下で禅定し続けて月日を送り、石の上に坐って命を終えたのである。いったい何を明らかにしようとしたためか。ただ、現在の衆生のこの一念心を明らかにしようとしただけだ。

その心の中に三世（過去・現在・未来）がある。三世は本来自分の心と異なるものではない。この心の中に十方がある。十方というのも本来自分の心と異なるものではない。したがって断見は外道の見解である。

南嶽懐譲《なんがくえじょう》禅師の「一物を説似《せつじ》すれば即ち中《あた》らず」（言語で表現しようとすれば真実を外れる）である。また、「修行して悟るということはあるが、本来それは染汚《ぜんな》を超えたものである」（本来は純一無雑の修・証があるだけだ）と。こうであるから、常見は外道の見解である。

断見と常見の二つの見解を超えて、それがただ自然に日常の心となっているだけだ。一切の理論的解釈を超えていながら、明確に真実を知るのだ。一切の間違った見解は、はるかに依り所がないものとなる。転生《てんしょう》しても、どこから来てどこへ去るという認識もなく、万国を所有するくらいの富がありながら、自己という意識も、自分のものという意識もないのであるから、分別して断見を起こそうにも起こしようがない。分別して常見を起こそうにも起こしようがないのだ。

地と法性

大地は万物を載せる。春と夏に生物は成育し、秋と冬に熟す。これは百千万年の間変わらない。この展開は断見に相違する。山川は互いに変化し、海と陸地は変動する。これは常見に相違する。山林や川、海にもそれぞれ神がいる。穀物や薬品にも神がいる。陰徳を積んだ者は、その神霊の助けを得る。これらはみな真実の智慧がある者は知っていることだ。

天地の現象と不邪見戒

不邪見戒のすがたが具体的に天の現象と大地の状態に現われる。天の現象は、人間の行為に従ってしばしば異変が起こる。不変と異変とが関係し合っていて互いに従っていく。これは断見と常見の二見の範囲ではない。不変は常に不変で変わらないのであるが、異変をその中にたもちながら二つが離れずに存在している。異変は常に異変で変化しているのであるが、不変によってそれぞれをたもって存在している。

中国で政治の乱れがあると中国に天変がある。他の国にはない。朝鮮や琉球で国が治まらないならば、朝鮮と琉球に天変がある。他の国にはない。このようなことを考えてみても、断見と常見の二見は同時に超越しなければならない。

気候が移り変わり、四季が循環し、草木が茂り、霜や雪が降る。これらを眼に触れても耳で聞いても、全て不邪見戒の相でないものはない。仏の悟りの眼から見れば、あらゆるところに神霊が宿っている。そこに正しい道筋が存在している。そこに本当の楽しみを得るのである。この楽しみは賢人・聖者の楽しむところである。

法は自他・有情非情・遠近を離る

風鈴《ふうりん》と心の本性とは、本来、異なるものではない。たとえ千里の距離を離れていようと、この風鈴と異なるものではない。それはどういうわけなのか。真実とは、自他を離れたものである。有情と非情の区別もないのだ。遠いとか近いということもない。だから千里を離れていようと、例えばどこかの国々の戦争の勝ち負けであろうと、この風鈴の中に余すところなく現われているのだ。風鈴の音色がこのようであるから、音楽の音も同じである。虫の声や人の声もまた同じである。一切の音という音がそうなのであるから、たとえ一草一木のような小さな物も同じである。

一切の物がこのようであるから、全ての香りも、味も、感触も同じである。このようなことをよくよく考えてみれば、必ず断常の二見を超越する。

『華厳経』に、「一の中に無量を解《げ》し、無量の中に一を解する」と説かれている。この通りである。真実の道を得た聖者の眼は、一つの物を見れば、そこに一切のことを知るのである。このようなことは、はじめに自分の身体と心のはたらきを思惟することから始まって、人の道を知り、天の道を知り、鬼神（霊魂・神霊）の由縁を知り、そして真実に達していく。そして最後に菩薩の不可思議な解脱の境地に至るのである。

真実の道を感得することは、凡夫の思慮で及ぶところではないが、身近なことでいえば、世間でも巧みな特技を持っている者、例えば易であれば、筮竹《ぜいちく》を数え卦《か》をならべて吉凶《きっきょう》を判断する、また、亀の甲羅を焼いて兆しを観て占う。このようなことも心が道を感得することによって出てくることであり、ここに吉凶も悔吝《かいりん》（過失を悔いて改めることと、改めることをおしむことで、両者は吉と凶の中間）も顕われるのである。

人相を観る者も、その術に精通している者は、顔、手、足、黒子《ほくろ》などの相を観ることによって、その人の先天的な性格を知り、子孫の多少、盛衰をも言い当てる。これも人の業が顔や手足などのすがたの中に具わっていて隠せないからだ。この相の見方なども、大昔の仙人の術ということである。このような小さな技巧の中にも、有志の者は断常の二見を超越するものである。

心とすがた

要するに、すがたは心のあるところであり、心にすがたは従うものである。たとえ一本の指の節でさえ、全て心が現われたすがたである。

一切の吉凶と災いと福徳、人としてどのように生きてきたかが顔に顕われて隠すことはできない。手足に顕われて隠すことができない。道具や玩具、家や住んでいる町に顕われて隠すことができない。国の治乱、戦争の裁きなど、天の現象と地の状態に顕われて隠すことができない。また、行ないの善悪、性質の賢さ・愚かさ、来世に生まれる場所まで、小さな骨の一部までにも顕われて隠すことができない。断見はここに解脱するのだ。

吉凶や悔吝は、心次第で変化していくもので、実体はなく、善を思うことによって凶も吉となる。自分の能力に慢心を起こせば吉も凶になる。愚かであっても道を念《おも》えば聖人となる。聖人も道を念わなければ愚かな人となる。常見はここに解脱するのだ。

理は無碍《むげ》・平等性

この世に存在している物は、それぞれが固有の物として存在しているので常に碍《さまた》げ合う。しかし、その物を物たらしめる理は、どのような場合でも碍げのある性質ではない。真実のところをいえば、理を外れた物は存在せず、その物以外に理はない。理と物は本来一体のものである。一体のものであるから、断見と常見の二見という対立した見解があるはずもなく、それらも本来は解脱したものである。

心と、その心が捉えるものとは本来一つのものだ。また、自己と他とも本来一つのものだ。迷いと悟りも本来一つだ。そうであるから、もし、仏の世界を知ろうと思うならば、この迷いの衆生の世界に入ってみよ。徹底した真実のありかを尋ねようとするならば、かえって迷いの根源を窮めてみよ。そのようなことは、知らない者が知らないだけであり、分からない者が分からないだけだ。

不邪見戒の異熟果・等流果・増上果

『華厳経』に、「邪見の罪は衆生を三悪道に堕《お》とす。もし人が人間界に生ずれば、二種類の果報を得る。一つには邪見の家に生まれ、一つには人に媚《こ》びへつらう人間となる」と説かれている。この三悪道（地獄・餓鬼・畜生）に落ちることを異熟果という。この悪趣を出てたまたま人間に生まれても、幼少より邪見を学んでそれが性質となり、または、悪友や邪悪の師に出会って邪教を受けて、他人にへつらって自分の心を捻じ曲げるようになるとある。これを等流果という。生まれた世界の花や実までも清らかな色・香り・味を失うとある。これを増上果という。

おそるべきものは邪教だ。この邪教によって、生まれた時のままの善心を失う。おそるべきものは邪見だ。この邪見による間違った思惟によって、人間界の道理と天の道にも背く。些細な違いが、往々にして先では遠くはるかに誤ってしまう結果になる。真実の道に対して自分の見解に執着することはあってはならぬことぞ。

道理があって天地が存在し、その天地のもとに人間がある。昔も今も、この谷や山、太陽や月がある。昔も今も、男がいて女がいて大人がいて子供がいて、世は同じである。この人間界の人の道（十善）は、釈尊がこの世におられても、入滅された後であろうとも、常に世間に存在して衆生を利益するのである。後世になると人の能力が衰えたので真実の道が行なわれなくなったというのは間違いだ。時代が違うからといってこの道に利益《りやく》がないというのは、きわめて愚かな考えである。

出家・在家の十善業道と悟りへの道

出家の者は、賢人・聖者の行為と法則に背くことなく、この十善を全うすれば、人間界・天上界の師ともなるに違いなく、在家の者は国法を守り、家では代々の家法を改めることなく、この十善を全うすれば、自己を修養し、家庭を整え、国を平和に治めても余りあるほどである。人は誰でも賢人・聖者の位に入ることができ、この十善を次第に満たしていけば、仏と合一する境地に至る時節があるのである。

【解説】

最も陥ってはならない見解が断見でしたが、そのために因果がどのような形で展開するのかを示されたのが前巻の死有・中有・生有の業相の流れでした。人間は現世のみで終わるのではありませんが、死後が存在するかどうかは疑問に思っている人が多いでしょう。しかし、【過去世の記憶と業報】で説かれている前世の存在は、近年、欧米で専門の学者によって盛んに調査が進み、多くの実証的研究による報告が提出されています。その中でも、胎内記憶や、稀には受胎以前の記憶を語る子供たちが多くいることも事実です。また、さらに前世の記憶を持つ子供の例も多く、その記憶に基づく追跡調査の結果、事実であったことを証明した例は相当数に上ります。

現代人は、科学的に証明できないことや、肉眼で検証できないことは存在しないものと思いがちです。釈尊にそのような形而上学的な疑問を投げかけた人がいました。それが十無記《むき》・十四無記と伝えられています。この場合の無記というのは、釈尊がお答えにならなかったということです。答えを避けられた沈黙に意味があり、そこに答えを感得すべきです。それを尊者は、

「経中にも、世尊は十四難を答えたまわずとある。死後去ることとあり去ることなきは、自知せしむべき趣じゃ」（【業報は周知の事実】）

自知するということは、誰かに教えられて従うのではなく、自分で会得することですが、それを尊者は「禅定智慧」によって得るものだとされます。人の心が現世を終えても断滅しないこと

は、深い憶念によって知るべきことです。経典に説かれていることも、哲学ではなく禅定による智慧の中から出された事実なのです。仏教が説く心に関する教えは、深い瞑想によって直接心を観た報告です。ですから、真実に触れようとして法を憶念する時も、また、説法する時でも、禅定の心で行なうべきことなのです。経典を解釈するにしても、

「その宗旨《しゅうし》の中には、家の解《げ》しようのあるべきじゃが、その宗風はしばらくおきて、直に経意を知れ」（巻第四【自己の真実】）

細かく解釈したり、いろんな説を比較検討するよりも、そのまま素直に読むのがよいと尊者は説かれています。また、

「書を読むに、解し尽くすことを求めぬ」（巻第八【十分を求めず】）

解釈を貪ることは貪欲の心となりかねません。深遠な真理を学ぶにはこのような工夫があるのです。知識の学びとは異なるからです。それで最終的には、

「結跏趺坐《けっかふざ》して正憶念《しょうおくねん》する」（巻第五【出家生活の楽しみ】）

と示されています。憶念という言葉は尊者の法語に頻出する用語で、これまでにあげた法語にもしばしば使われていて、忘れないように思い続けることを意味していました。人は繰り返すことによって身につけていくものですから、何事にも練磨が必要になります。その法の憶念の究極が結跏趺坐（坐禅・観想）なのです。尊者が正憶念を聖憶念とお書きになっているところがありますが、道元禅師が説かれているように、坐禅のすがたは仏のすがたと同じなのですから、聖と書かれるのも当然です。つまり、尊者の示される憶念という言葉は、私たちが忘れずに思いを留め

ておくことから、坐禅を意図するまでの広い範囲に及ぶ、含蓄に富む言葉なのです。それは人の心の深まりは無限であり、日々の憶念を繰り返している内に、結跏趺坐せざるを得なくなる境地になることも示唆しているでしょう。

尊者の法語にはしばしば「粗悟《あらざと》りの者」と喚起されたり、「麁相《そそう》に憶念する者」(巻第五【身綺】)や「心の麁なる者、道理に暗き者は、自《みずか》ら解《げ》せず」(巻第六【不悪口戒の異熟果・等流果・増上果】)などとあり、物の根本から深く細やかに思惟しなければ、道理を理解するまでには至らないと指摘されています。何事も生半可なことでは成就しないように、真実を知るにも全身心を挙げて取り組まねばなりません。その憶念によって意識の改革が起こり、それは内面の変化ですから三業(身・口・意の行為)も断続的に深化し、それによって周辺の環境も変遷していくことでしょう。そのための身近な憶念方法は、本書十二巻の中にふんだんに示されています。それを「麁相に憶念」しなければ、必ず道が開けてくることでしょう。

巻第一には、慈愛の心が増すことによって信が得られていくとありました(巻第一【法性の平等性と因果の理】本書二〇頁参照)。そして信によって平等性を知り、その本性から因果の理を覚るという道筋が示されていました。本巻では、その信の重要性がさらに広く説かれています。「われは世間におけるいかなる疑惑者をも解脱せしめることができない」(『Sn.』一〇六四)とあるように、仏門に入るには信は必要不可欠なものといってよいでしょう。

大乗仏典によっても、

「信は道の元、功徳の母」（『華厳経』）

「仏法の大海は信を能入となす」（『大智度論』）

などは有名な言葉です。教義を学んでいると必ず得心できないところが出て来るものです。その時には、憶念を深めていくことになりますが、そこにもまた工夫があり、

「わが分斉の及ばぬ処は、別にその道理あるべきと信ずるを、聖智見に入るもといとするなり。世人の邪見を発《ほっ》するは、自心力《じしんりき》の及ばぬ処を思いはかる故なり」（『人道随』）

理解できないことは無理に解釈しようとせず、自分の考えでは及ばない道理があってのことに違いない、と判断することです。無理に理解しようとしても、自分の判断が及ぶ範囲でしか解釈できないからです。これは先の「書を読むに、解し尽くすことを求めぬ」に通じるものがあります。ここまで『十善法語』を拝読してきても、多くの「わが分斉の及ばぬ処」があります。それを謙虚に自覚することで法に助けられながら進んでいけるものと思われます。また、

「万般ただ信ある者と共に言うべきことじゃ」（巻第十【神仏への信】）

とあり、信がなければ、たとえ仏法でも利益にならないのです。信は信仰の絆でもありましょう。

信は起こそうと思って起こせるものではなく、人から教えられて起こるものでもありません。不思議なことですが、信を起こすだけの種が自分の中にあれば、それは宿善のお陰です。宿とは過去世から自分が積み上げてきた業相です。信が自然に起こるのは、自らの善業によるのです。

そういう意味では、心に工夫を重ねてきたこれまでの自分に手を合わし、この命を得ている今の自分と有縁の全てに感謝の念を持つべきでしょう。

「仏法は信じ難きものなり。所以如何《ゆえんいかん》となれば、物の対比して示すべきなく、智解情量《ちげじょうりょう》を以て計り知るべきに非ず。ただ宿福深厚《しゅくふくじんこう》の人あって信力《しんりき》を以て入るべきのみ」（『慈雲尊者法語集』菩提心を発して戒を持せよ）

釈尊の説法を直接聴いた人でも、信が起こらない人があったでしょう。提婆達多《だいばだった》などはそのよい例です。仏との宿縁というものは確かにあるもので、縁が熟さないうちは出会えません。仏法に限らず、縁とはそういうものなのでしょう。その出会いと縁については巻第十の【正法との因縁】に分かりやすく説かれています。

自分には信が足りぬと気付いた時にも工夫があります。

「慧目《えもく》のなき者は、仏語を信ぜよ」（巻第一【十悪の果報】）

「初心の者は、これらを信ぜよ。次第に正知見を得る基となるじゃ」（【信を能入とす】）

さらに次の文言は、この巻第十二の中に六度も繰り返されています。

「決徹して疑わねば、聖智見を得る基となる」（【身体に対する不浄の観想】～【人生と天災・人災】）

と。これは、どのようなことに心を向けてこの世界を眺めるとよいか、を示された後に付された言葉です。所謂《いわゆる》、自然界の様子や、歴史上の出来事、自分の身体が不浄物の集まりであること、肉体は細胞の代謝によって変化し、苦悩や病や老化があること。そしてこの世には天災や人災があり、喜びと憂いが入れ替わりにやってくること。それが少しも休まることがなく、いずれにしても死がやってくること。（「この憶念ありてこの法成就す」巻第一【人徳への尊重心】）

このような自分と自分の身辺の出来事などを疑念なく素直に観察、憶念すれば理が明らかになってくるはずだと説かれています。これらの純一無雑な観察の継続によって信解に至るのです。また『十善法語』全体にわたって示されている心の用い方や受け止め方を学ぶことによっても、日常の生活の中で心が真実に触れる機会が多くなってくることでしょう。

「信ずると云うは、律儀《りちぎ》に聖賢《しょうけん》の書を信受《しんじゅ》するじゃ。或は理を拡《おしひろ》めて信ずることじゃ。その理を決択《けっちゃく》するは、ただ聖賢にある。凡夫のまねをすべきでない」（【信を能入とす】）

「信受」という言葉もよいものです。我《が》を立てず素直でなければ身心に受け入れることはできません。ただ信受すればよいのです。そしてその信を拡めることで信は増長し続けます。「拡める」とは、『人となる道略語』に「拡めてこれを充《み》たす」という表現がありますが、これは『孟子』の「拡充《かくじゅう》」（おしひろげて発展させる）から出た語句でしょう。広く色々なケースに当てはめて憶念することです。道理を解釈するのは仏の位にある人であって、凡夫が判断すれば妄想になるということです。「自心の及ばぬ処を思いはかる」べきではありません。

仏道を歩むということは、

「一切顕密の行、ただ深信《じんしん》に修する者がこの趣を知る」（巻第七【真の修行】）

ということに行き着きます。具体的に親切に示されて、

「譬えば高山に登る思いあらば、道に迷わぬように足を傷《そこ》なわぬようにして、ただ歩を移すばかりでよきじゃ。歩を移して休まねば、山頂を窮むる時節あるべきことじゃ」（【真の修行】）

この「ただ歩を移す」ということが信に基づく行為であり、最も自心に工夫が要るところです。ただ行なう、ということが如何に清浄な心であるかですが、千利休が、「茶の湯とはただ湯をわかし茶をたててのむばかりなる事と知るべし」と言っているのも、その「ただ」の行なのです。その「ただ」とは仏道の「空《くう》」なのです。尊者の揮毫された書に、「信」と置書きされて、その脇に「いたるところとどこふらず」と添えられています。滞《とどこお》りがない心、無碍《むげ》の境地、それは空のことですから、空の心境がそのまま信である、と。茶事は空《くう》の実践行なのでしょう。作法の習練があって、その所作することの意識を超え、滞りなく所作が進み、心も止まるところがないこと、それが利休の目指したところではないでしょうか。これは仏道の四威儀の作法や戒行でも同様です。

信とは、ただ一つの対象に対して全面的に自分の身心を投げ出すということですが、最終的にはその対象はなくなってしまうものです。信も疑も問題にしないのが本当の信です。そのような信の心が直心《じきしん》、誠の心です。まったく染汚《ぜんな》のない心です。道元禅師では直心から生じる信を譬えて、「信如水清珠なり」（信は水清珠の如し）（『正法眼蔵』三十七品菩提分法）とあります。

「水清珠」とは水晶の珠《たま》のことです。これもすばらしい譬えです。透き通っていて無色で汚れのない心です。ここまでに至ると、生きる確信・信念という意味での信が現われてくるので、迷いもなくなるのです。鳥や魚が迷いながら泳いだり飛んだりしていないのと同じです。それには命がかかっていて、実は衣食よりも根源的なことです。そのような清浄の信があれば、死後のことは自ずから知れてくるというのが尊者の考えなのです。

この巻では私たちの迷いの人生の様子がいくつか挙げられています（【身体に対する不浄の観想】～【人生と天災・人災】）が、「迷い」というのは、自分自身の本当のすがたやこの世界の真実を知らないで、ただ漠然と自分が欲するままに生き、生死を繰り返していることです。何処から来て何処に去っていくかも、この世界のからくりも知らずに一生を終わります。『十善法語』に示されている真実のすがたを知り、さまざまな現象に心を奪われず、法性《ほっしょう》のままに生きることを心がけているならば、

「人々箇々《にんにんここ》、賢聖の地位にも入るべく、次第に満足すれば、仏身と合一する時節のあるべきことじゃ」（【出家・在家の十善業道と悟りへの道】）

と結ばれています。

色身はむなしかりけり有なりけり
されど自性の月はくもらず（『葛城尊者和歌集』）

小金丸　泰仙（こがねまる　たいせん）

1955年福岡市生まれ。高野山大学文学部密教学科卒。同大学院仏教学科修了。1975年出家。1985年より慈雲尊者の法語の講義と併せて書の指導を行う。宗派を超えた顕密統合の仏教を目指す。不伝塾主宰。現在、福岡県糸島市如是室在住。

著書　『慈雲尊者に学ぶ正法眼蔵』（大法輪閣）
『慈雲尊者の言葉』
『十善法語現代語訳（不殺生戒）』
『十善法語【改訂版】』（大法輪閣）

書の作品集　『慈菴墨塵帖』Ⅰ・Ⅱ

慈雲尊者の『十善法語』を読む
――現代語訳と解説――

2020年4月8日　初版第1刷発行

著　者　小金丸　泰仙
発行人　石原　大道
印　刷　亜細亜印刷株式会社
製　本　東京美術紙工
発行所　有限会社　大法輪閣
東京都渋谷区東2-5-36　大泉ビル2F
TEL（03）5466-1401（代表）
振替　00160-9-487196番

ISBN978-4-8046-1424-3　C0015　Printed in Japan